我与孩子共同成长丛书

教养孩子的21个怎么办
——教育专家为您解惑

陈 艳 荣飞雪 编著

学苑出版社

图书在版编目（CIP）数据

教养孩子的 21 个怎么办：教育专家为您解惑 / 陈艳，荣飞雪编著 . — 北京：学苑出版社，2019.9
（我与孩子共同成长丛书）
ISBN 978-7-5077-5800-9

Ⅰ . ①教… Ⅱ . ①陈… ②荣… Ⅲ . ①家庭教育
Ⅳ . ① G78

中国版本图书馆 CIP 数据核字（2019）第 199652 号

责任编辑：任彦霞
出版发行：学苑出版社
社　　址：北京市丰台区南方庄 2 号院 1 号楼
邮政编码：100079
网　　址：www.book001.com
电子信箱：xueyuanpress@163.com
联系电话：010-67601101（营销部）、010-67603091（总编室）
印　刷　厂：北京工商事务印刷有限公司
开本尺寸：787×1092　1/16
印　　张：8.75
字　　数：109 千字
版　　次：2019 年 9 月第 1 版
印　　次：2019 年 9 月第 1 次印刷
定　　价：35.00 元

编委会

顾　问：赵忠心

主　编：荣飞雪

副主编：王燕彤

编　委：（以姓氏笔画排序）

卫　春　马　青　刘玉新　刘　艳　刘　晶　刘瑞莲

李庆元　杨　芳　宋　群　张　洁　张　瑜　林春腾

周兆红　胡东华　胡晓峰　胡　颖　钟　闻　贾旭姗

徐永梅　郭　蕾　黄　葵　梁振毅

序 言

作为社区学校家庭教育课题组的负责人,无论是申报课题,还是组织主编这套家庭教育系列丛书,都是源于对家庭教育始终不变的情怀。记得刚进学校时,我还是一个19岁的年青班主任,但家长的泪水和苦恼、家长会后不散的围谈、家长电话中的喋喋不休,就督促我成了一名倾听者,成了一名努力去探索儿童世界的老师——我报考了北师大心理系大专班和研究生班。过往做大队辅导员、做德育干部,在处理学生问题的过程中,在与家长的接触中,总是能看到、感受到家长的困惑、焦虑、无奈,甚至那种强烈的无力感,这些都给我留下了深刻的印象。

后来我调到少年宫之后,在开办学前班中努力做家长学校的管理工作。2015年,北京市西城区教委正式给西城各少年宫挂牌——家长学校,从此圆了我做家长学校的梦想。我开始大张旗鼓地每周六做家长讲座、做沙盘治疗。我们的家长学校从讲座发展到亲子活动、家长沙龙、家教咨询,内容涉及的范围也越来越广,从直面学生的幼小衔接、青春期教育、时间管理、学习能力提高、职业生涯规划等,到后来的亲子沟通、情绪管理、做好妈妈、做好爸爸、隔代教育,不但涉及亲子关系,还涉及夫妻关系、婆媳关系。从每周开办的一两百人大讲堂到上下午联办的能和专家面对面的精品课堂,从在少年宫开办讲座到送讲座进学校、进幼儿园,从单一讲座到后来的"情绪管理"系列讲座、"家庭幸福密码"系列讲座,从到校与专家互动听讲座,到实现了家长课程直播回放,我们做到了每年上一个台阶。

在这之中看到家长感动的泪水、感激的笑容,就焕发出我们无穷的动力。我们为帮助到每一个家庭而欣喜,为家庭的收获而满足,为家长的进步感到高兴。为了与更多的家庭分享我们的成果,分享我们在家庭教育中的探索,让更多的家庭受益,我决定从做家长学校时就开始收集这方面的案例,请家长和教师共同记录成长的心得,于是就形成了这套丛书。这套丛书共分三个部分:专家指导篇《教养孩子的21个怎么办》、家长启示篇《我家孩子养成记》(上、下)、家校共育篇《好家长携手好老师》。

因为我也是一名普通的家长,切身地感受到家长困惑、焦虑之所在,了解那种面对孩子成长过程中各种问题的痛楚和彷徨,我愿意在这条道路上不断探索、不断前行。如果能借助这套丛书对各个家庭有所帮助和启迪,那将是我最大的欣慰。

荣飞雪

北京市西城区德胜少年宫主任

Contents 目录

导语 /001

1. 孩子没有好的行为习惯怎么办 /006
2. 给孩子说了一百遍都不管用怎么办 /011
3. 孩子有话不好好说怎么办 /018
4. 孩子被老师管教后父母怎么办 /021
5. 家里老人太宠孩子怎么办 /026
6. 孩子脾气暴躁怎么办 /033
7. 孩子学习不自觉怎么办 /041
8. 孩子没有责任感怎么办 /049
9. 孩子啃指甲、咬铅笔、咬被角……怎么办 /055
10. 孩子逃学、辍学怎么办 /060
11. 孩子做什么事都必须要表扬怎么办 /065
12. 孩子不适应小学生活怎么办 /070
13. 孩子注意力不集中怎么办 /075
14. 孩子粗心怎么办 /082

15. 孩子磨蹭怎么办　　　　　　　　　　　　/ 085
16. 孩子迷恋电子产品怎么办　　　　　　　　/ 089
17. 孩子不愿意阅读怎么办　　　　　　　　　/ 093
18. 孩子不好好写作业怎么办　　　　　　　　/ 097
19. 孩子管理不好情绪怎么办　　　　　　　　/ 100
20. 孩子交不到朋友怎么办　　　　　　　　　/ 105
21. 孩子进入青春期怎么办　　　　　　　　　/ 110

智慧父母的秘诀　　　　　　　　　　　　　/ 121
父母应该懂得的一些教育规律　　　　　　　/ 123
结语　　　　　　　　　　　　　　　　　　/ 128
结语　　　　　　　　　　　　　　　　　　/ 128

导 语

一、父母在孩子的成长中扮演什么角色

  人为什么养孩子？在中国传统观念里有很多答案：为了传宗接代、为了生命的延续、为了爱的传递等。无论是哪一种答案，都没有绝对的对和错、好与坏，因为角度不同、环境不同、意识不同、观念不同，答案自然不同，但我比较欣赏一种说法，那就是养一个孩子是为了参与并见证一个生命的成长。每次读这句话，都会感觉到如此之美，是参与，是见证，不是掌控，不是拥有。

  一个生命的成长需要经历不同的阶段，需要等待和帮助，作为孩子生命的参与者和见证者，我们需要弄清楚自己所扮演的角色。每位父母都是孩子的第一任老师，同时也是孩子一辈子的老师。做老师是一种职业，拥有这种职业的上岗证，需要学习相关的理论知识，需要经过专业的训练，需要得到相关部门的认可。那么试问，我们做父母的有谁经过这些呢？所以，作为一个生命的参与者和见证者，我们需要不断学习和成长，以配得上孩子"老师"的身份。

二、教养孩子的最终目标

曾经有一篇关于"疯狂学而思"的报道在网上热转,文章从是否给孩子报补习班的角度,讲出了目前教育的某种困境。疯狂也好,淡定也罢,最终,每位家长都该回到最根本的问题上来:我们教养孩子的最终目标到底是什么?有人说是健康欢乐,有人说是幸福的生活,有人说是认识真理,有人说是有知识且自信快乐……曾经有人问过一群博士这个问题,结果一个博士说,长大了不跳楼就可以了。问他怎么会这样说,他说:"我们家就住在大学里,最近三个月,一个月跳一个博士,跳得校长都开始冒汗了。"很简单,家长都希望孩子上一个好大学,这是非常好的目标。但是,我们还有一个更重要的目标,那就是他上大学以后还能身心健康。现在在一些大学里面,有些同学除了一定会上点名的课程和参加考试之外,更多的时间沉湎于打游戏、恋爱、上网。大学里面充斥着大量不知道人生目标的年轻人,他们从小聆听的教导是,人生就是读书,读书为什么?上大学。上大学为什么?不知道。我们的教育很少去灌输、去传递这样一个价值观,就是你读书的目的到底是什么。

曾经有相关部门对现代父母的教养目标做过调查,结果显示出以下四种状态,父母可以对照一下,看自己属于哪一种状态。

A. 目标清晰——孩子要学习好、考上好大学;

B. 目标清晰——孩子人格健全,快乐做人、有责任感;

C. 目标模糊——没有仔细想过,孩子大了自然就成人了;

D. 目标不稳定——经常因各种主客观情况发生改变。

相信每位父母对自己孩子的将来都有自己的设想,也都有自己的教养目标,所有的目标都包含着父母对孩子生命的一份期盼,但我们一定要弄清楚教育孩子的首要目标也就是根基目标是什么。中国文化经典《弟子规》的开篇说:"首孝悌,次谨信。泛爱众,而亲仁。有余力,则学文"。它在传递一个什么信息?"孝、信、爱"这些都是表达做人的词语,换句话说就是表达品性的词语,只有具备了"人"的品行的人,学习文化知识才有意义。

第二次世界大战结束以后,有一位纳粹集中营的幸存者,后来做了一所学校的校长。每当有新老师来学校工作,他都会给新教师写一封信,说:"亲爱的老师,我是一名集中营的幸存者,我曾亲眼见到过人眼所不应该看到过的事情,那些毒气室是由学有所长的工程师修建,那些妇女是被知识渊博的医生毒死,那些儿童是被训练有素的护士杀害,所以我怀疑教育的作用。我对你们唯一的请求是,请回到教育的根本,帮助你的学生成为具有人性的人,你们的努力不应该是造就学识渊博的怪物,或多才多艺的变态狂,或受过高等教育的屠夫。我始终相信,只有使孩子更具有人性之后,读书、写字、算数的能力才更具有意义。"

一个人的能力和智商可能会使他比别人更快或更慢地达到某个高度,但一个人的品行却决定了他在这个高度上待多久,每位父母都希望孩子的路越走越宽,那么我们就需要把孩子品行的培养作为教育的首要目标,并以此指引我们在陪伴的路上更有智慧。

三、影响孩子品行形成的关键因素

我们了解了品行是我们教养孩子的首要目标，那么一个人的品行是怎么形成的？我们判断一个人是不是一个具备好品行的人，首先是看他外在的行为，而一个人的外在行为是由他的价值观决定的，人的价值观又是由世界观决定，那么世界观又是怎么形成的呢？研究显示，一个孩子怎么看待世界，有什么样的世界观，取决于他在成长阶段，和他有关系的人是如何对待他的，给他传递了怎样的信息，让他产生了怎样的与世界的连接，也就是说父母和孩子建立了怎样的亲子关系。

父母平时与孩子相处的过程中，不仅仅要注意训练孩子的外在行为，更要滋养孩子的心。训练孩子的行为，如果是不断地说教，甚至威胁，结果却是让孩子从心里抗拒；而滋养孩子的心，会让孩子从心里愿意行走在正确的路上，而达到这一点需要父母先和孩子有一个亲密的关系。

雨果《悲惨世界》里面的主人公叫冉·阿让。冉·阿让以前是一个小偷，偷了人家的东西被抓起来。试想他在监狱里有没有人告诉他不要偷？我想一定会有，因为监狱就是做这个工作的，但·冉阿让有没有改变？事实是没有。那他的改变是怎么开始的呢？有一天，他被释放，到一个城里去，这个城里没有人接待他、欢迎他，甚至都对他避而远之，除了这个城市里的一位主教。这位主教不仅接待他，还给他吃饱、喝好，冉·阿让却把人家一个银烛台偷走了，结果被警察抓到。警察说："这是我们主教家里的烛台，你怎么能拿呢？"就马上把他押回来。警察把他押到主教那里的时候，主教却对他说了一句话："这是我送给你的，我早就告诉你要送给你。"在这之后，冉·阿让带着银烛台去山上坐了一天，从早上坐到日落，因为他经历了不一样的关系，他发现这个世界不全是恶的世界，不全是一个惩罚的世界，这个世界还有爱。然后他就重整自己的价值观，于是他的行为就发生了改变，最后成了一个高尚的人。

冉·阿让转变的原因在哪里？是关系。一个孩子的成长可能会受很多因素的影响，比如遗传因素、环境因素以及社会因素等，但影响的关键因素却是亲子关系。美国霍普金斯医学研究院有两位博士花了30年的时间，发动了1377名医学生，寻找以下症状的共同病因：精神病、高血压、心脏病、自杀、恶性肿瘤，而研究发现他们的共同原因就是童年时期缺少与父母的亲密关系。孩子出生后对世界的认知完全来自于他身边的成人，如果一个孩子是被期待、被欢迎、被爱的，那么他会觉得自己很重要，觉得这个世界是美好的，是有爱的，他的行为也就是有爱的。反之，如果一个孩子一出生就不被接纳、不被爱，是被忽略的，那么他会认为自己不重要，这个世界不安全，没有爱，行为上就会不断地索取，甚至用各种看似不合规矩的行为来吸引别人的关注，以证明自己的重要性。

另一方面，亲子关系的好坏直接关系到父母对孩子的影响力。好的亲子关系会让孩子觉得父母的任何行为或限制都是为了自己好，是为了保护自己，而不好的亲子关系，父母任何管教的行为和言语都会让孩子觉得被控制、被束缚，那么孩子的本能反应就是反抗和不顺服。两个公式能说明亲子关系对孩子的重要性：一是亲密关系+管教的行为=顺服的孩子；二是恶劣关系+管教的行为=叛逆的孩子。这两个公式为我们所有的父母揭开了一个非常重要的孩子成长的秘密。所以，无论孩子处于什么年龄段，和孩子建立和谐、亲密、彼此尊重和信任的亲子关系，都是家庭教育中的重中之重。

1 孩子没有好的行为习惯怎么办

案例呈现

一位妈妈说:"我的孩子特别讨厌,坏毛病一大堆,只要不谈学习,什么都行,不爱写作业,见人也不爱打招呼,整天就黏着电视和游戏。为了让他有好的行为,我们也是各种办法都用了,全没用,愁死我们了!"

教育分析

孩子好习惯的养成是家长们尤其关心的问题,可在教育孩子的过程中,却常常事与愿违:

- 孩子吃饭、写作业磨磨蹭蹭、拖拖拉拉。
- 没事就爱抠鼻孔、抠脚丫。
- 玩具到处扔,没有一点儿收拾整理的意识。
- 做事情马马虎虎,粗心大意。

对于孩子的这些坏习惯,第一次,父母给他们善意的提醒;第二次,耐着性子动之以情晓之以理;第三次,忍着怒火进行批评教育。是孩子记忆不好，总是记不住父母的教导，还是父母管教得不够狠？在培养孩子习惯的过程中，父母常常出现这样的疑惑和不解。

中国有句古话："训子千遍，不如培养一个好习惯。"著名教育家叶圣陶也说过："什么是教育，简单点说就是养成好习惯。"如果孩子在成长中养成了一个好习惯，那就相当于为孩子的人生储存了一笔财富；如果孩子养成了一个不良习惯，那就相当于让孩子的人生欠下了一笔债务。这笔债务，孩子迟早都要还，用什么作为代价我们不可预知。因此为人父母在教养孩子的过程中，需要重视使孩子养成良好的习惯。

习惯对孩子如此重要，那么到底什么是习惯？著名家庭教育指导师孙云晓老师说："习惯就是习以为常的行为，是一种稳定自动化的行为，是经过反复练习而养成的语言、行为、思维等生活方式。它是人们头脑中所建立起的一系列的条件反射。"研究显示，家庭是培养孩子习惯的学校，父母是培养孩子习惯的老师，所以使孩子养成好习惯父母责无旁贷。那么孩子为什么总改不掉坏习惯呢？改不掉的原因主要有如下方面：

1. 家长大事小情的控制。有些父母总是对孩子不信任，凡事包办，总是说"你只要管好学习就好了，其他都不用你管"。事实是孩子不仅学习没管好，其他好习惯也没养成。

2. 过度地埋怨和指责。犯错是孩子成长中的必然，但有些父母只要孩子一犯错，就没完没了地指责，时不时地抱怨、埋怨。于是孩子就会将注意力放在逃避或怨恨家长的态度和行为上，没能正视自己的不足，错误的行为也不会得到改善，而且长此以往也容易引发孩子的叛逆心理，就是不愿意改正自己的行为。

3. 环境的影响。父母在管教孩子的过程中不能保持一致，孩子总是在察言观色中不断调整自己的行为，寻找自己的位置，很难形成稳定的好习惯。另外，隔代教养也是导致孩子不恰当行为的原因之一。

4. 父母规则的不确定。父母在管教孩子的过程中一发现孩子的不当行为就立即加以制止并相应地提出要求，但今天的规则和第二天的规则不一致，或者父母情绪状态不同导致执行规则不同，也同样会导致孩子不当行为的持续。

5. 父母自身不好的榜样。父母要求孩子每天晚上要练琴、写字和看书，可自己却三天两头不是朋友聚会，就是自己玩游戏。孩子在学习的时候就会认为自己很惨，当小孩很辛苦。台湾一位教育家提出："教育无他，榜样而已"。

教育策略

孩子的成长习惯比成绩重要，那么该如何使孩子养成良好的习惯呢？

一、习惯养成的步骤和原则

1. 必须在心理上重视，要充分意识到孩子的习惯养成对孩子一生的成长都至关重要。

在日本，有一家食品公司要招聘一位卫生检测员。一位衣冠楚楚、气度不凡的年轻人自信地走进了总经理办公室，他优雅的谈吐、扎实的专业知识赢得了总经理的好感。没想到就在年轻人转身离去的时候，他下意识地抠了一下鼻孔，这个不起眼的小动作并没有逃过总经理的眼睛，结果可想而知。一个没有良好卫生习惯的人怎么能够做卫生检测员呢？所以，看似不起眼的小习惯可能会改变孩子的一生。

2. 用权威代替权力，营造和谐的家庭关系。

权威和权力无论是来源还是效果上都是截然不同的。从来源上来说，权力来源于外部，是某个人、某个机构或者某个掌权单位赋予的，与人的身份地位、学识背景、家庭出身以及社会地位有很大的关系，而权威来源于自身，是通过自己的努力、言行举止、为人处世换取的。从效果上看，权力管教是让人不得不服，不管是出于利益还是地位，都是被迫服从的，而权威管教是让人心服口服。权力一旦被收回，就完全没有管教的效果了，但权威一旦建立就很难随着时间和事项而消失。

父母要反思自身，我们对孩子的陪伴和管教是权力多一些还是权威多一些？如果在陪伴孩子成长的过程中，我们始终觉得孩子是我生的，一切都是我的，他就必须要听我的，那这里面就有太多的权力成分。如果我们在教养孩子的过程中，处处以身示范，用关系去铺垫、用规则去引导，那我们在孩子的心目中才会有权威。而树立权威，是需要付出时间和精力的。

切记：你想让孩子成为什么样的人，你先去做那样的人，行动比任何语言都具有说服力。权威是靠自身言行＋时间陪伴获取的。

3. 明确规则和后果，习惯其实就是规则内化为行为的结果。

父母给孩子制定规则需要遵循几个原则：首先，要出于爱而不只是约束来制定。制定规则的时候要让孩子参与，不能是霸王条约，孩子在被尊重的时候才会产生发自内心的遵守规则的力量。

其次要记住，建立规则的目的是帮助孩子学会对自己负责任。如果你想让孩子的生命按照他原有的样子绽放，他就需要对自己负责任。为他自己负责任，承担结果，这样他会非常自由。当他能承受他所做的事情的结果的时候，他就不会为人所左右。规则的核心，就是孩子小时候就开始为自己所做的一切负责任，不对对方有期待。

二、规则需要有弹性

父母需要让孩子建立规则意识，而不是死死地让他遵守规则。可以约定这样一个规则：有情绪的时候，先分开，不处理问题先安静下来，调整情绪。因为有情绪的时候，会说过头的话，做过头的事，容易激怒。这时最明智的做法是什么都不要处理，可以表现自己的脆弱。

父母给孩子制定规则需要：面对面说话，告知可能的后果，孩子有情绪时先让他冷静。规则发挥最好效果的方式是事先订而不是事后补。

4. 持续不断地训练孩子遵守规则。习惯养成是有时间规律的，任何一个行为持续不断地进行21天，才可变成习惯；任何一个不良习惯的纠正至少需要60—90天。所以，没有一蹴而就的习惯，训练孩子养成好习惯，父母需要耐心。

5. 训练过程中，家人态度保持一致。规则一旦建立了，父母以及参与孩子训练的家庭成员都需要严格按照规则来让孩子承担后果，不可让孩子有"见人下菜碟"的行为。

6. 训练过程中要及时评估并实施奖惩。孩子年龄越小评估的时间段就要越短。在训练孩子的过程中，父母切忌褒奖孩子表现好是应该的，表现不好就需要承担后果，而是要及时发现并肯定孩子表现好的方面，多多鼓励孩子的正向行为，分阶段地进行总结，适当对孩子的好行为举行庆祝活动。让孩子在训练的过程中感受到父母的爱和关注，进而产生自己的价值感。

总之，习惯训练的原则是尊重，目标是解放孩子的大脑，帮助孩子从不良习惯中解脱。

2 给孩子说了一百遍都不管用怎么办

> 案例呈现

曾经在街边见到这样的母子，妈妈催促儿子走路要快一点，别迟到。妈妈情绪急躁，一边推搡着儿子往前走，一边说："你就是这样吊儿郎当、拖拖拉拉，将来能干成什么？上课前总是在家磨磨蹭蹭，穿鞋也慢，下楼也慢，走路也不能走快一点，你这个样子读书能好吗？老师看见你这样都恨不得少看一眼！"妈妈一直在喋喋不休，而那个孩子呢，面部表情毫无变化，一脸淡然，始终保持着自己的节奏慢慢向前走着。

> 教育分析

案例中孩子本来只是走路慢了一些，可能上学会迟到，但是妈妈在表达希望儿子快点的时候，并没有只是说走路，而是在"借题发挥"，一概而论孩子是拖拖拉拉、吊儿郎当，并且预言孩子这样下去，将来什么也干不成，读书也不会读好，连老师也不会喜欢他，等等。从孩子的表现来看，妈妈的教诲和督促并没有在他身上发挥作用，他已经习惯了你说你的我做我的。可以说，这样的亲子"沟通"场景在生活中随处可见。一方面父母苦口婆心，一方面孩子权当耳边风，这样的无效沟通只会导致孩子的不良行为越来越重。另外，父母不恰当的语言信息也伤害了孩子的人格和自我价值体系，拉开了父母和孩子之间的心的距离，导致亲子关系的破裂和孩子心理的闭锁。

生活中，每位父母都有自己与孩子沟通的独特方式，不同沟通方式产生的效果也不同。父母的亲子沟通类型大致可以分为以下几种：

1. 唠叨型，常见句式：××，该倒垃圾了。（过一会儿）记得倒垃圾。（过一会儿）你怎么还没去倒垃圾？（又过一会儿）你到底去不去？

2. 希望型，常见句式：我觉得那里不太安全，我希望你下来。我觉得这样不好，希望你好好考虑。

3. 请求、央求、抱怨型，常见句式：你能不能别闹了？安静一会儿好吗？求你。

4. 贿赂型，常见句式：现在上车，我就给你买蛋糕吃！如果做好了，我就带你……

5. 威胁型，常见句式：不许闹，不然以后再也不带你去……再哭，不要你了……

6. 命令型，常见句式：马上从沙发上下来！我数1，2，3……闭嘴……

7. 侮辱型，常见句式：跟你说过多少次了，你是猪脑袋吗，怎么不长记性啊？你怎么就那么笨呢？真不知道你随谁……你有病吧……

8. 道理型，常见句式：这已经是我买给你的第N个橡皮了！你能不能对自己的东西负起责任来，我不可能总帮你操心这些事。上次咱俩就说好了，最后一次，你看你的橡皮今天又不见了，我再给你买一次，不要再丢了，好好保管啊……

9. 吼叫型，常见句式：你给我进来！叫你时就马上给我进来！你怎么那么烦呀……你聋了……

以上这些方式，相信父母们都很熟悉，生活中也都是常见的。我们会发现，现在越来越多的孩子更愿意和陌生人交流，或者沉浸于虚拟世界不可自拔。一方面是因为现代科技发展给人提供了方便，另一方面更多是因为，孩子们在现实生活中没有敞开自己、好好交流的机会。

教育策略

和孩子建立良好的沟通机制，需要父母们从以下几个方面着手。

一、了解什么是沟通

辞海中对"沟通"的解释是：将阻塞的渠道贯通，开沟使两水相通。英文"communication"一词则来自希腊文，意思是传情达意，交换彼此的意念、感受和态度，不但要让人明白，而且要有回馈。

沟通包含三个要素：语言、语气和语态，它们在沟通中占的比例分别是：语言7%，语气38%，语态55%，即人的姿态、表情、手势经不同的组合后，能表达出近70万种不同的信息，比任何一种语言所能表达的意思都要丰富。由三要素我们也可以看出，说什么内容所占的比例并不大，但怎么说却很重要。研究显示，很多孩子厌烦的不是父母跟他说的内容，而是父母说话的态度和方式。弗洛伊德说，没有人可以隐藏秘密，假如他的嘴唇不说话，则他会用指尖说话。

二、怎样创设良好的亲子沟通

1. 学会倾听。

倾听是了解孩子最好的"语言"，上天给我们每个人两个耳朵一张嘴巴，就在暗示我们，多听少说，听比说更重要。

父母在生活中要练习倾听的能力。首先，倾听要及时，当孩子开口想对您诉说什么的时候，请立即做出倾听的准备，不要因为忙于工作而使孩子失去继续说的兴趣。其次，听孩子说的时候，做好听的状态，比如眼神相对、倾身向前，让孩子感受到自己接下来说的话父母很重视。再次，听的时候要专注，不可三心二意，更不可一边做着自己的事，一边对孩子说"你说吧，我听着呢"。孩子都是非常敏感的，尤其是对最亲近的父母的态度更是敏感得出奇。同时父母在听的时候需要用简单的词语进行回应，必要时还可以重复孩子的话，一方面让孩子知道确实在听，另一方面也可以确认一下我们听得是否准确。

2. 彼此尊重。

尊重是沟通成功的秘诀，但是中国传统导致很多父母往往过度武断，总是想当然地按照自己的个性和孩子说话，有时甚至会无端地打断孩子的倾诉欲望，喜欢不听完就下结论，喜欢依据只言片语进行回应，有时也会加入自己的想象。比如当自己的孩子被他人赞赏时，父母会很慌忙地说："没有没有，哪有你们说得那么好，你不知道他在家……"看似是为了给他人留一个谦虚的印象，实际上我们否定了孩子的特质，伤害了孩子还不自知。父母不妨这样说："是的，这孩子确实……"

3. 多用赞赏。

赞赏是对一个人的肯定。生活中如果我们能很好地应用赞赏的技巧，一方面可以加强亲子关系，另一方面也会让孩子在成人的赞赏中找到自己。首先，赞赏要及时。父母要有一双发现美的眼睛，看到孩子的表现要及时给予肯定和赞赏。不要认为是应该的，也不要藏在心里，害怕孩子会骄傲。其次，赞赏要具体。例如，孩子看完书后，自己把书放回原处，摆放整齐。如果这时家长只是说："你今天表现得不错。"效果会大打折扣，因为孩子不明白"不错"指什么。家长不妨这样说:"你自己把书收拾这么整齐,我真高兴!"再次,赞赏不仅要看结果,还要看过程。例如,孩子想"自己的事自己做",吃完饭后自己刷碗,不小心把碗打破了。这时如果家长不分青红皂白一顿批评,孩子也许就不敢尝试自己做事了。如果家长冷静下来说:"你想自己做事很好,但厨房路滑,要小心!"孩子不仅尝试自己做事的勇气受到了保护,还会更用心地去学习做事。

4. 批评要讲究方式方法。

孩子成长过程中,难免会犯错。犯错是孩子成长的必经之路,也是孩子成长的基石。面对孩子的错误,父母需要给予及时的管教和批评,但批评需要智慧,需要技巧。要把握批评的智慧与技巧,父母需要做到:

· 态度上不要声色俱厉,可以用凝重、严肃的表情来显示对待孩子的错误的态度,语调也不必高八度,相反可以比平常的声音更低沉一些,缓慢地如谈心般地指出孩子的错误,并注意用眼睛一直看着孩子的眼睛。

· 批评要客观,实事求是,就事论事。告诉孩子他犯了什么样的错误,帮助他分析犯错误的原因,所犯错误会带来什么样的后果,父母的感受如何等。不要夸大孩子的错误。比如孩子有几次把屋里弄得很乱,批评孩子时就不能说孩子总是把屋子弄得很乱。

· 不要说个不停,却说不到要点上,总说一些废话和孩子反感的话,引起孩子的逆反心理,孩子于是索性左耳进右耳出。批评的话不在多,要言简意赅,恰到好处。

· 不给孩子下结论、贴标签。不要因孩子做错了一件事,就给孩子下结论说孩子笨。不要因为孩子爱睡懒觉就说孩子懒惰。

· 批评要注意时间、地点。不要在公共场合和孩子的朋友面前批评孩子,要给孩子留面子。批评最好在只有两个人的时候进行。批评孩子尽量不要在以下时间:清晨、吃饭时、睡觉前。

· 父母的态度要一致。如果父母的看法都不能统一，孩子就更不能有一个明确的认识。

· 不翻旧账。不要因为孩子这次的错误而把孩子过去的所有错事重新数落一遍，这样会让孩子反感，觉得自己只要犯了错误，就永远无法摆脱，既然摆脱不掉，改又有何用？

· 批评孩子之前要让自己冷静下来，批评结束后不要长时间板着面孔。比如有的家长会因为孩子犯了某一错误好几天不同孩子说话，或者好几天对孩子态度不好。这样会使孩子的心灵感到压抑和沉重，不利于孩子身心健康成长。

· 批评的同时要告诉孩子谁也免不了犯错误，只要改正就好，父母仍然是爱他的。

· 要给孩子解释的机会。

温馨提示：批评不是发泄个人的情绪，而是帮助孩子认识到自己行为的错误，进而修正自己的错误。父母在其间的角色应该是帮助者，而不是法官和裁判。

5. 亲子沟通中的宜说和不宜说。

亲子沟通中宜说：

"不管发生什么，我都会和你在一起，我永远爱你！"

"你是独一无二的，走你的路，做你自己！"

"也许你是对的，我只是建议，决定权在你。"

"相信你能处理好自己的事情。如果需要，我会和你一起面对，尽我的力量陪伴你。"

"无论做得怎么样，表现如何，你都是我的孩子，我依然爱你。"

"我喜欢你这种行为，不喜欢你那种行为。这不表示我是对的，你是错的，但一切都必须自己体验并承担。"

2. 给孩子说了一百遍都不管用怎么办

亲子沟通中不宜说:

"笨蛋,没用的东西。"

"住嘴!你怎么就是不听话?"

"我说不行就不行。"

"我再也不管你了,随你的便好了。"

"你若考100分,我就给你买……"

"你可真行,竟做出这种事!"

"你又做错了,真笨!"

"一看你就没多大的出息,将来就捡破烂吧!"

"都是一样的孩子,你怎么就不如别人!"

"就知道玩,一提学习就没了精神。"

③ 孩子有话不好好说怎么办

案例呈现

一位家长反馈,"自家孩子上小学五年级,学习挺好的,各方面习惯也都挺好,就有一点让家人很头疼,那就是不会好好说话,很多时候说话特别会扎人,聚会时也经常砸场子。父母给孩子说了好多次,但都没什么效果"。

教育分析

生活中经常会看到一些孩子,不能很好地听别人说话,也不能很好地表达自己的想法和需求,显得很粗俗无礼,比如下面的情形大家应该很熟悉。孩子在房间里做作业,感到口渴,冲着门口大喊:"妈,我想吃水果,给我削个苹果!"再比如大人们在谈话,孩子会一直拉着父母的衣角,嘟着嘴:"走吧,我们快走吧!"还有些孩子喜欢讲故事,无论什么场合,只要有机会他就能绘声绘色地讲起来。有时,甚至不管父母在做什么,就一个劲儿地讲。父母为了尊重孩子,就一直听,但当感觉应该停下来时,却不知如何让孩子停止……

3. 孩子有话不好好说怎么办

一个孩子能认真听他人讲话，能将自己的意思表达清楚是很重要的一个技能和素养。但很多时候，我们发现，孩子要么是大喊大叫，要么就是沉默不语，甚至有时会说出很负面的言语。

教育策略

首先，训练孩子说合宜的话。我们口里所说的话往往来自于心里所想的。回想一下，不难发现，我们成人也很容易在没有充分考虑的情况下使话语脱口而出。对于父母来说，教导孩子认识话语的重要性及话语的力量是极为重要的。话语是工具，好的话语可以愉悦他人，但不好的话语也可以被用来指责和诋毁他人。所以父母要注重训练孩子说合宜的话，也要制定一些说话的规则。

其次，训练孩子倾听。优秀的倾听者是训练出来的，只有父母以身作则，尊重孩子，孩子才愿意认真听，并好好说。聆听是对孩子最好的爱。怎样在生活中训练孩子认真听，有话好好说呢？

当孩子想与你说话时，要求他到你身边来，而不是从另一个房间大喊："妈妈！"这样，孩子就会懂得尊重他人，也明白谈话应该在怎样的空间和保持多远的距离。

假如你忙着听电话或正在与其他人谈话，而你的孩子想告诉你某件事，就请他站在你旁边轻触你的手臂一次，但不要连续碰触。让他明白，你会在谈话停顿时，听听他想说什么。当然，你也可以和孩子商量好其他的暗号，只有你们俩明白，孩子会觉得有趣和神秘。当他使用时，就不会随时破坏你和他人的谈话了。

平时训练孩子遵守一次只有一人说话的习惯，不中途打断，使对方能将想说的话说完。不打断对方,是聆听中非常重要的原则,对孩子也不例外。此外,不要彼此愈说愈大声——好像要用音量盖过对方。这虽不属于打断,但却显得很粗鲁。

再次,鼓励孩子说负责任的话。培养孩子说鼓励别人的话,而不是批评指责别人的话。控制语言是学习自我控制的第一步。告诉孩子:"假如你没有了解清楚那个问题,就不要随意发表意见。"训练孩子发表看法和意见时问自己三个问题:我说的话对他人有益吗?对我自己有益吗?对这件事有帮助吗?如果都是肯定的才可以开口说话。

最后,若是一个爱讲话的孩子,常常重复讲同一件事,絮絮叨叨,讲个不停,那么计时器就是对这个孩子最好的帮助。给孩子设立一个时间段,然后告诉孩子:"在这既定时间内,我会集中精力听你说,之后我就必须⋯⋯"这个方法可以为孩子树立聆听的榜样,也教导孩子要组织好想说的话。

总 结

不要凭经验擅自判断,切忌自以为是。记住孩子总是处于动态发展变化中,我们所以为的不会可能成为会,要用动态发展的眼光和心态对待孩子,深入了解孩子,倾听他们的心声,会有不一样的发现。将关注的焦点放在帮助孩子成长上,而不是紧盯他的某个表现。注意每次与孩子的交流中多些对孩子品性的夸奖,少一些面上的违心的、夸大的称赞。

4 孩子被老师管教后父母怎么办

案例呈现

某小学教导主任曾经说过这样一件事：学校老师因一个学生听写错误，就让孩子每个词多写几遍，以加深记忆。为了让家长配合，老师在班级家长群里说了此事，希望家长能一起配合，帮助孩子树立良好的作业习惯。于是，家长就怒了，跑到学校对老师骂骂咧咧，说教不好孩子是老师的责任，关家长什么事？还有，让孩子比其他孩子多写几遍字，这样的老师简直就是在折磨孩子，用这种方法能把孩子教好才怪！

教导主任叹息着说，现在孩子教育上的最大问题是家长舍不得管，老师不敢管，外人不方便管。而对孩子的成长来说，家校保持一致才是对孩子最好的教育。

教育分析

一、孩子的成长需要家校的配合

什么是教育？家庭、学校、社会三方统一配合，密切链接，才是对孩子最好的教育。家长支持老师，老师才可能更好地支持孩子！

日本教育家多湖辉分享过一个故事：

一位植物学家的儿子拿着一株不知名的小草请教老师，但老师不认识。于是，老师和颜悦色地对他说："你的父亲是一位著名的植物学家，不妨去请教他，老师也想知道小草的秘密。"第二天，孩子又来找老师："爸爸说了，他也不知道小草的名称。他还说，老师您一定知道，只是一时忘记了。"说完，孩子顺手还把爸爸写的一封信交给了老师。老师打开信，上面详细地写明了小草的名称和特性，最后还附着一句话：希望这个问题由老师回答，想必更为妥当。这位父亲帮助老师塑造在孩子心目中的形象，其实这也是支持自己的孩子！

二、家长的哪些行为和言语不利于双方的配合

1. 不重视学校、老师的规定。学校很多看起来似乎不合理的制度，往往就是为了保护大部分孩子的安全和学习环境。

2. 不参加家长会，不和老师沟通，不懂得在孩子面前维护老师。

3. 拿社会和整个教育的问题来评判老师。

4. 以领导姿态面对老师。

5. 敷衍塞责、盲目护短。

6. 坚决维护老师"权威"，对待孩子简单粗暴。

7. 我太忙了，没有时间啊。

8. 我对孩子不抱任何希望。

9. 孩子只要学习好就行。

> 教育策略

一、父母如何配合学校做好教育

1. 要主动、积极地去访问学校、访问老师——"校访"和"师访",并且热情欢迎上门家访的老师。

2. 带领孩子过有规律的生活。孩子一旦成为一个小学生,家长就需要努力调整自己的生活节奏,除非必要,不过多在家里举办庆祝会或者个人工作的应酬会,保持规律的休息时间,帮助孩子更好地保持精力,使之有好的学习状态。

3. 要求孩子做到的,父母自己先做到。父母对孩子最好的教育就是榜样示范。

4. 积极参加家长会,非不得已不要缺席或请家中其他人代为出席。不要迟到或早退,以体现对学校、对老师的支持和尊重。(具体事宜参见下文)

5. 与老师保持密切的沟通和良好的关系。不在孩子面前随便议论老师。在信息社会,人与人之间交流的途径和方式非常多,家长有时不要认为只有和老师见面才能沟通,可以通过网络或者留言的形式,随时了解孩子的信息,一般一个月一次比较好。家长可以事先想好需要了解的内容,每个月可以不固定主题,全方位地了解孩子的在校表现。沟通的对象也不要仅仅限于班主任或者主科老师,而是要询问到所有接触孩子的老师,这样可以帮助家长全方位地了解孩子。

6. 同样地疼爱自己的孩子与别人的孩子。当孩子之间发生冲突时,重点不在谁对谁错,而在帮助孩子想"如何能重新和好"。孩子能从中学习人际交往能力,学习与人合作。

7. 个人保持不断学习和成长的状态。

具体配合如下：

上学：准时送。迟到会打扰整体教学活动，更会使迟到的孩子感觉到融入教学活动的压力。

放学：准时接，既不过早也不推迟。这样可以帮助孩子形成有节奏、有规律的生活，而有规律的生活可以促进孩子的身心健康。放学后，不能按时回家，会破坏孩子的内在秩序，也会给孩子造成委屈的感受。如果家长某一天不能准时接孩子回家，请提前和老师及孩子说好。另外，老师也需要在孩子上学前和放学后，做教学的准备工作或者是开会学习，也需要大家准时接送孩子，给予配合。

放学后的生活：过家里的生活和他们在学校过集体的生活两者是一种平衡；孩子需要一些独处的时间，需要度过一些平静的时间，如果一直和伙伴一起玩大运动量或兴奋的游戏，也是不健康的。因此，放学后回家是必要的。如果担心孩子的交友，可以固定地设计一个玩伴日，玩伴日和独处日（或者叫作与家人相处日）也是一种平衡，不能全是玩伴日。另外，关于玩伴日的"伴"最好不要超过三个，一对一是最好的。

二、积极主动参加学校召开的家长会

在孩子学习期间，每个学校都会依据教育教学安排，定期召开家长会。在很多学校，家长会是学校和家庭进行正面沟通的最佳机会，那么家长该如何参加家长会才是对孩子的最好帮助呢？

1. 开家长会时不要让孩子一起来（除非这是老师特殊要求）。

2. 带着具体问题和关注点。对老师来说，最难回答的问题莫过于："我的孩子表现如何？"和老师交流时注意提问的原则：问小不问大、问细不问粗。

3. 如果可以的话与老师分享一些私人信息。有的时候家长要告诉老师，孩子的祖父母不在了或是孩子失去了心爱的宠物，或者是家庭环境发生了变化，又或者是父母正在和病魔斗争等。家长还可以告诉老师孩子在家都喜欢做些什么，告诉老师一些关于孩子的特殊技能、特殊爱好，或是课堂之外的一些兴趣所在。这些信息都会对老师有所帮助，因为有时候老师可以明显感到孩子的异常举止却找不到困扰他们的原因。另外，关于孩子的一些特殊事项（身体状态、特殊疾病等）也需要告诉老师。

4. 如果老师没有提供关于孩子的一些积极反馈，就主动去问。

5. 告诉老师哪些方法在家里很有效，而哪些又是你需要得到帮助的。你可能会觉得，当孩子回到家的时候，你就必须自己教导和督促孩子，但老师会有方法让孩子在家里也继续更流畅地学习，而且一切都井井有条。如果你的孩子早晨出门晚，晚上10点前也没有办法完成作业，一定要请教老师。

6. 做笔记，尤其当你和不止一位老师交流时，你会得到很多信息，当然你不会一下子消化所有信息。笔记就会帮助你回顾所有你听到、学到的内容，可以思考老师即将涉及的领域，可以熟悉一些常见问题的解决方法。

5 家里老人太宠孩子怎么办

案例呈现

明明是小学一年级新生。一天,午餐时间到了,老师对全班同学说:"请同学们把课桌上的东西都收起来,准备吃饭。"同学们都收拾起来,唯独他一动不动。老师把他叫到身边,问:"刚才老师说的话你听见了吗?"明明回答:"听见了。"老师接着问:"那你为什么不按要求做呢?""这不是对我说的。"明明从心里拒绝听老师的话。老师只好重新对他提出要求:"那现在老师要你和同学一样把桌上的东西收起来,好吗?"明明低下头,嘴里挤出几个字:"不好,太麻烦了。""按老师的要求去做,这是规定,你知道吗?""不知道。"类似这种听不到老师指令,或者听到指令不服从的现象在明明身上经常出现,于是老师找家长谈话才得知,由于父母工作比较忙,明明是跟着爷爷奶奶长大的。由于明明是家里的独苗,爷爷奶奶就比较宠孩子,什么都依着孩子,整个家庭基本是以孩子的意志为转移的,所以孩子比较自我,也比较自负,在家里经常和父母对着干,脾气也很大。父母也很苦恼,一方面自己工作忙确实需要帮助,一方面又眼看着孩子一身的毛病,自己无计可施。隔代教育家庭该怎样彼此配合,共同陪伴孩子健康成长也成为更多家庭关注的话题。

教育分析

隔辈人在带孩子的过程中，往往以孩子为中心，很多孩子因此养成只顾自己、不管别人、没有规则意识和群体意识的简单思维模式。案例中孩子的表现就比较有代表性。隔代教育到底该何去何从呢？

一、我国隔代教育的现状

国家有关部门曾就隔代教育的话题进行过调查，调查显示，81.2%的人不赞成隔代教育，13%的人认为隔代教育可有可无，5.8%的人完全赞成隔代教育。但现实情况是怎样的呢？在城乡被访的两万多位老人中，照看孙辈的占69.73%；在北京，有70%左右的孩子接受着隔代教育；上海0—6岁孩子中，50%—60%由祖辈实施教育；广州接受隔代教育的孩子也接近一半；农村孩子接受祖辈教育的达到80%左右。这些数据给我们一个提示，目前全社会接受隔代教育的孩子数量并不少，为什么会这样呢？除了经济社会的发展趋势以外，还存在以下原因：

独生子女队伍的壮大。4+2+1的家庭结构已经成为中国家庭结构的主体，孩子成为全家的关注重心，无论是情感上还是其他方面，隔代教育都成为必然。

现代人的生活压力大，"忙"成为众多父母的生存常态。压力大、应付不过来成为年轻父母的口头禅，那么这时候祖辈们就成为减轻年轻父母压力的得力助手。

"青春享乐派""摘桃派"父母的出现也是隔代教育产生的一个原因。第一代独生子女荣升为父母之后，虽然生理年龄已经是成人了，但心理上还是孩子的状态，认为孩子是为老人生的，是为了满足老人延续后代的需求，自己只负责生，至于养和教，那就不属于他们的职责了。另外也有一部分父母认为孩子0—6岁是最消耗人的时间和精力的，于是上学前给老人带，到该上学了，孩子也省事了，再带到自己身边。

单亲家庭的增多。现代人的契约精神越来越弱，取而代之的是个人的享乐主义，一切以自己为中心，吃不得苦，稍有不顺就会分手，因而出现大量的单亲孩子。这时候父母为了生存，不得不让老人代替抚养孩子。

老年社会的现实存在。2010年第六次全国人口普查结果显示，我国60岁以上老人约为1.78亿，占总人口的13.26%，规模超过欧洲60岁以上老年人的总数。这些老人退休时还年富力强，一腔热火无法寄托，再加上天然的隔辈亲，于是余热就发挥到自己的孙辈身上了。

目前隔代教育的类型主要存在以下几种：一是完全隔代教养型，即孩子的父母完全不在孩子身边，半年甚至一年才会和孩子见一面。主要沟通方式是电话或者与老人的联系，这类情况一般出现在留守儿童或者父母公派外出的家庭中。二是混合教养型，即白天老人负责，晚上和周末父母负责，老人和孩子住在一起。三是半寄养型，即周一到周五，孩子完全归老人负责，父母只在周末或者假期来看管孩子。

总之，隔代教育已经成为一个客观的存在。

二、隔代教育的优势

1. 老人有较多的育儿经验、充裕的时间和足够的耐心，为孩子的健康成长提供了保证。

2. 心理基础：隔代亲现象，本能的喜爱。很多老人面对孩子有天然的亲切感，比较能看到孩子的优势，情感满足方面比较充足。

3. 祖辈的"返童"心理，有利于形成融洽关系。"老小孩"的心理在某个层面会和孩子有心理上的相通点。

4. 丰富的生活知识和深厚的人生阅历，确保了权威性。

5. 更有利于创新能力的培养。老人由于精力体力的限制，会给孩子更多的自由时间和空间，这就比较有利于孩子创新思维的确立。

三、隔代教育的三大问题

在隔代教育的家庭中，老人和年轻父母之间确实存在很多观念不一致的地方，也有很多育儿方面的代沟，大致可以分为以下几类：

1. 养育方面的代沟，主要集中在吃喝拉撒睡等方面。比如很多老人总认为孩子吃得越多越好、穿得越厚越好、拉得越勤越好、睡得越久越好。其实这些方面都需要把握好度，孩子的生理发展都是有自然规律可循的。

2. 生活习惯方面的代沟，主要集中在生活自理等方面。比如很多老人总喜欢给孩子喂饭、帮孩子洗脸刷牙和洗澡、替孩子背书包或整理书包，即使孩子已经完全有能力自理。

3. 认知方面的代沟，主要集中在知识学习等方面。比如很多老人总觉得孩子在学龄前学的知识越多越好，所以他们就会在孩子很小的时候就开始教认字、拼音、算术等；总觉得孩子入学后的唯一任务就是学习课本知识，所以他们就会认为中小学生读课外书就是浪费时间，学音乐和美术就是歪门邪道。

教育策略

一、正确地面对冲突

隔代教育过程中难免会发生各种各样的冲突。面对冲突，如果我们只是一味指责和埋怨，或者只想争个谁输谁赢，那是毫无意义的。避免这些冲突的唯一办法就是确定谁是教育孩子的第一责任人。第一责任人最好是孩子的父母，只有当父母无法履行这一职责的时候才可以换为其他人。第一责任人的选拔标准首先要考虑这个人的时间是否自由，是否有足够的时间陪伴孩子。其次，这个人要有相对比较新的教育理念，有较好的学习力。再次，这个责任人的情绪控制和个人素养要相对较高。确立了第一责任人并不意味着其他家庭成员就不参与了，而是要更好地协助第一责任人，借助固定的家庭会议的形式，一起帮助孩子成长得更全面。

二、正确而又智慧的沟通是解决隔代教育观念的法宝

与老人之间的沟通是需要讲究技巧和方法的。沟通是为了孩子更好地成长，不是为了争论是非，也不是为了辨别孰对孰错；沟通是为了避免不必要的误会，更是为了整个家庭环境的和谐。

父母要非常清晰地认识到，老人在法律上没有帮助我们教养孩子的义务，帮助我们是出于情义。所以对于老人的参与和帮助，我们要充满感激而不是挑剔和埋怨。当我们能从心里意识到老人是我们的帮助者时，我们才能放平心态，充满感激地去和老人沟通，才能取得更好的效果。具体做法是：

首先，态度上要绝对地尊重老人，尊重老人的智慧。遇到问题，和老人沟通，尽量少带负面情绪，有不同意见时可以争论，但最好不要争吵，

更不要当着孩子的面发生争吵。父母多带着老人学习，适当借助外界的支持和帮助，更重要的是不要让姥姥和奶奶同时带孩子，不得不这样的时候至少做好分工。记住孩子最怕的三件事：唠叨、责备和比较，这是教育孩子需要持守的界限。

其次，"谁作为主要沟通者"是关键。一般来说，老人跟自己的孩子交流会更顺畅，也更容易接受。如果需要跟外公外婆沟通，最好由妈妈出面；如果需要跟爷爷奶奶沟通，当然爸爸出马更合适。前提是夫妻双方的观念要一致。

再次，和老人沟通要先肯定老人的动机和付出，先对老人的行动表示感谢，然后表扬他们做得好的地方。这样做，可以融洽交流的氛围，舒缓双方的情绪，为后面的问题沟通做好铺垫。

最后，善于利用外界力量。俗话说，外来的和尚会念经。这同样适用于我们跟老人观念不一致的情况。在老人面前，别人说的话往往比我们自己说的话管用很多，尤其是一些权威的人，比如医生、老师、专家等等。为了让老人转变观念，我们完全可以借助外力来帮助解决。有时候和老人的沟通与和孩子的沟通，方式上有相通之处，"老小孩"的说法是有其原因的。

沟通的目的永远是解决问题，而不是双方发泄情绪的机会。如果在沟通过程中，双方都能克制自己的情绪，平心静气地进行，矛盾就会缓和，冲突就会减少。为了孩子，大人们都需要忍耐和克制。家是讲爱的地方，不是拼输赢的竞技场。

三、老人与子女和谐相处的关键

当然，要妥善解决隔代教育的问题，仅靠年轻父母这一方的努力也是不够的，还需要老人做出一些改变，才可能做到与子女的和谐相处。

1. 善于学习，勇于突破。现在的环境已经跟几十年前有了天壤之别，老人不能完全套用自己的育儿经验，而要善于学习科学的育儿知识以掌握儿童心理，善于借鉴别人的育儿理念以更新养育观念，勇于突破自己的固有观念以开阔育儿视野。

2. 明确责任，划清边界。比如，老人主要负责孩子的生活照顾，父母主要负责孩子的学习和成长。一旦划清责任边界，老人既可以少操些心，又可以避免一些分歧。

3. 学会放手，自享清福。

6 孩子脾气暴躁怎么办

> 案例呈现

有一位妈妈说：他家儿子的火爆脾气，让所有人都崩溃了！看电视，他说要看少儿频道，妈妈只不过慢了一秒钟的时间，他居然抓起遥控器拼命往电视机上砸，一边还嘶吼尖叫；吃晚饭时，他喝了很多饮料，妈妈说不能喝太多，结果他居然一巴掌打在了妈妈的脑袋上，还理直气壮地哭喊；朋友们一起打扑克，他想玩，就单独给了他一副，谁知他不领情，非要玩大人的，一怒之下把整桌东西都掀翻了……妈妈说孩子怎么这样呀！怎么才能让孩子有个好性格呢？

> 教育分析

案例中妈妈的诉求值得我们思考，孩子怎样才可以有个好性格呢？回答这个问题之前，我们需要思考，什么样的性格才是好性格？

研究显示，孩子的好性格与以下因素有很直接的关系。

（1）孩子自身的安全感。一个人的安全感，与生命早期和"母体"的关系密切相关，也与幼年父母对孩子的理解、关爱和保护有关。孩子缺乏安全感的原因有以下几个方面：第一，亲子之间缺乏交流和信任。孩子都有个愿望，就是能够和自己的爸爸妈妈在一起，有很多快乐的时光。现实是孩子需要时间，但父母总是忙碌，没有充足的时间与孩子交流。父母总担心孩子会不会因为一件小事变得失去了信心，不能克服种种的挑战；担心孩子会误入歧途，总是不相信孩子。久而久之，孩子就失去了信任感，没有了安全感。第二，父母所定的目标超过了孩子自身的能力。如果父母总是过分地操劳孩子的事情，会对孩子造成不成比例的压力，让他们无法承受，进而就没有了安全感。第三，教育方式问题。有的父母总是太过宽待孩子，认为和孩子是好朋友，进而教育没有了分寸，孩子变得无法无天，没有了内在的安全感。第四，情绪的影响。父母情绪不稳定，或者焦虑、烦躁、恐惧等负性情绪太多，会直接导致孩子的安全感缺乏。因为几乎所有的孩子在面对父母的不良情绪和家庭矛盾时，都有强烈的无助感和恐惧。第五，家庭的经济状况。心理学研究证实，孩子的安全感还与他所感受到的家庭经济状况有隐形的联系。也就是说，安全感与家庭经济状况方面的"暗示"有关。在一些家庭，尽管实际的经济状况较差，但在孩子面前，父母很少显示或不显示对经济的焦虑、压力或担忧，孩子便有良好的安全感。反之，即使一些实际经济状况良好的家庭，如果父母总是习惯于在孩子面前夸张地显示关于经济状况的焦虑，同样会给孩子强烈的"不安全"暗示，以致影响孩子成人以后的安全感。第六，早期的成长经历的影响。孩子成长中是否得到母亲稳定而有规律的照顾，决定了他对这个世界的基本信任与否。这种基于对母体的信任所发展出来的安全感，会直接影响人的一生。

父母的行为也会导致孩子的不安全感：打骂孩子；过早让孩子独自睡觉；过早让孩子自己玩；不辞而别、把孩子寄养、离婚又不和孩子说明白等让孩子担心自己会被抛弃的行为；忽视孩子，在孩子表达感受时直接否定他；挑剔、羞辱孩子，把孩子跟别人比较，变味地夸奖孩子；包办家里的所有事务，过于追求完美；夫妻当着孩子的面吵架，甚至边吵边提孩子的名字，让孩子以为自己导致了父母争吵而感到内疚的行为；情绪多变，让孩子受到惊吓，甚至拿孩子出气，或者向孩子求援等。

（2）良好的家庭氛围。关于家庭氛围和孩子性格之间的关系有一个很好的例子：一部很著名的电影，想必很多人也都看过，就是根据真实的历史改编的《国王的演讲》。影片介绍乔治五世国王有六个孩子，大卫是长子，艾伯特是次子。他们的家教十分严格，艾伯特7岁时开始口吃。哥哥大卫却阳光自信，艾伯特的口吃是由于父亲和周围的人对他的态度而诱发的。乔治五世一贯严厉强势，对孩子要求非常严格。刚开始，艾伯特由于紧张，偶尔有说话不顺畅的时候，父亲就会冲着他大叫："说啊！说啊！"艾伯特是左撇子，但被逼着使用右手写字；艾伯特有O形腿，就被强迫绑上腿形矫正器；艾伯特吃饭太紧张，甚至导致自幼患上了胃病……这些，都使艾伯特没有了自信，从而口吃更加严重，到了无法正常交谈的程度。最后将艾伯特"治疗"好的，并不是高明的医生（之前，有8位名医都以失败而告终），而是一位没有行医资格的戏剧导演罗格。罗格使用的方式，做的最大努力，是从心理上找到了艾伯特的病根，就是减少艾伯特的"挫败感"，从来不给他压力，帮他恢复自信。所以孩子的好性格与家庭营造的氛围密切相关。

（3）亲密无间的亲子关系。父母与孩子之间亲密无间的关系，可以帮助孩子用正确的方式来表达自己。有个9岁女生，每次遇到自己的意愿和父母的要求不符时，总会用比较极端的话语来表达需求，甚至还会用威胁性的词语。后来得知，父母在和她互动的时候，常用不容置疑的命令式的词语，也就是说很少询问孩子的意见，而是一味地下指令和提要求，孩子就在这样的方式中习得了不正确的表达方式，而且她会觉得只有用激烈的方式才能让父母重视自己的存在。由此可见，亲子之间的相互信任和尊重的关系会给孩子带来安全感，而一个孩子感觉安全的时候，才能听得进去意见，才会真正重视父母的建议。一个孩子的成长可能会受很多因素的影响，比如遗传因素、环境因素以及社会因素等，但影响的关键因素却是亲子关系。父母通过跟孩子建立一个不一样的关系，可以给孩子带来最终不一样的成长，所以无论孩子处于什么年龄段，和孩子建立和谐、亲密、彼此尊重和信任的亲子关系，是亲子教育的重中之重。

（4）积极阳光的心态。一个乐观开朗的孩子一定会有一颗阳光的心和积极的思维方式。阳光积极的孩子很大可能是有好性格的孩子，而一个消极暴脾气的孩子有可能是面临压力的孩子。怎么才能看出孩子压力大呢？首先，无理取闹——孩子感到压力时最常见的表现就是极度情绪化，喜怒无常。其次，反常沉默——有些孩子在心理压力的影响下，变得不再那么像孩子，他沉默、严肃，无精打采，甚至经常发呆。再次，身体语言——有压力的孩子会通过暴食、吃手指、咬指甲、揪衣角等方式转移自己。第四，攻击行为——这是孩子的一种发泄方式。具体表现可能是打人、毁东西、欺负小动物甚至自残，以此来发泄和缓解内心压力。第五，频繁生病——孩子不会伪装，因为压力而产生的焦虑折射到身体上，就会造成抵抗力低下，容易生病。孩子压力的来源有：过高的期望，过度的疼爱和保护，学业的压力，目标的压力，朋友"圈子"的压力，等等。父母需要摸清楚孩子压力的来源，采取适当的方式帮助孩子解压，协助孩子阳光起来。

（5）遵守规则以及良好的习惯和修养。习惯和修养是一个人的第二身份，父母要努力培养"出类拔萃"的孩子，而不是"冰冷易碎"的孩子。

现代孩子在成长过程里，没看见世界，只认为自己就是世界的中心；不知道感恩，只要求权利；不知道"体谅人"，只在乎被了解；不认识自己的有限，只对别人的有限皱眉。父母需要教孩子穿上别人的鞋。穿上别人的鞋，才能够知道别人被包在鞋里的脚，是在哭还是在笑。孩子的成长，需要学着去穿穿不同人的鞋，让他们的生命空间里，存在自己和别人，学着和别人的希望与失望共舞。

总之，一个没有好性格孩子的表现，看似是各样的行为，实质是背后的各种原因导致的。培养孩子的好性格需从这些因素着手，找到原因，对症下药，方可帮助孩子成长得更阳光，更自信。

教育策略

一、培养孩子的好性格需要父母给予充足的安全感，可以这样做：1. 长时间、高质量的陪伴。对年龄较小的孩子来说，尤其要重视孩子入睡之前的陪伴。2. 不拿孩子和别人比较。不批评、责备、惩罚孩子，而是欣赏、鼓励、支持孩子。3. 不威胁孩子。4. 鼓励孩子独立，接纳孩子的个性。5. 给孩子树立恰当的规则。6. 提高自己的情绪管理能力，以身作则。

二、培养孩子的好性格需要和谐的家庭氛围。首先，家庭氛围应该轻松、温馨、民主、自由，不要专制、蛮横、高压、独裁。如果父母在孩子面前强势，那么，孩子就会形成服从型的性格；如果父母在家里是两头狮子，那么，孩子就会成为一只绵羊。其次，家庭成员从人格上都是平等的，都有自己的尊严。网上曾有一个视频，一位妈妈在看着孩子写作业。"两位数除以三位数，你是猪啊？""知道吗，你猪脑子啊？"……妈妈坐在孩子对面，眼睛紧紧盯着孩子的一笔一画，只要有一点错误，就厉声训斥，还不时抬起手掌拍打孩子的脑袋。孩子一边带着哭腔低声回应着，一边满头是汗地哆嗦着写作业。试问在这个妈妈眼里、心里，孩子是什么？这样氛围下的孩子又何谈好性格？再次，尊重孩子的性格差异，尊重科学的成长规律，做良好环境的提供者。家长要做的，是陪孩子玩游戏，是倾听孩子的心声，是陪孩子阅读，是给孩子成长的时间……家就是家，不是第二个教室。家是无论在外面有多么地失败、多么地被否认，都能被接纳和包容的场所，是温暖的地方。还记得那个口吃的国王艾伯特吧——当他有了自己的家庭之后，感同身受之下，他就和自己的父亲完全相反，对孩子非常宽容，成了一个和蔼可亲的父亲的典范。他的两个女儿生活得非常快乐和自由——大女儿就是现在的伊丽莎白女王。是的，艾伯特后来成了一个伟大的国王和伟大的父亲，但童年的性格阴影，一直伴随着他的一生——口吃一直没有完全恢复。同时，由于他为了缓解精神压力而过度抽烟，早早就患上了肺癌，不到60岁就去世了。艾伯特的一生，当为我们所有做父母的警醒：当孩子还小的时候，你播下什么种子，就会收获什么果实；而且，一旦种子播下，后面无论你付出多少努力去修剪、嫁接，都很难改变；多花费时间陪伴孩子，尊重孩子，给孩子一个良好的家庭氛围，孩子有好性格的概率将会大大提升。

三、培养孩子的好性格需要父母建立亲密无间的亲子关系。和孩子建立亲密的亲子关系，需要每天一点一滴地积累，而不是一蹴而就的。要每天专注地陪伴孩子至少15分钟！也就是在陪伴孩子的当时，父亲或母亲是全心全意地和孩子一起互动，心无旁骛，没有想着工作，没有想着压力，专心致志地和孩子在一起：可以是和孩子一起读书讲故事；可以是和孩子一起游戏或打球；可以是一起听一段音乐；可以是和孩子一起坐在沙滩上听海浪的声音，讲解大自然的知识；可以是和孩子一起爬山、一起坐在地上研究自然，观察小动物、小花儿、小草、树木；可以是不加评判、没有指责、没有轻视、没有打击、没有打断，只是很单纯、很欣赏、很专注、很幸福地、静静地聆听孩子诉说。在聆听的过程中，父母可以有的是：嗯、哦、哇、是哦、然后呢、还有呢、接下来呢等回应。在陪伴的过程中，尽可能多一些身体上的接触。拍拍孩子的肩膀，摸摸孩子的头，把孩子的小手放在自己的手里，拥抱孩子，等等。方法还有很多，而最关键的就是：在那个片刻，为人父母的你是否全身心同在。

四、培养孩子的好性格需要培养他积极阳光的心态。培养孩子的阳光心理，训练孩子独处的能力。满足孩子要有度，孩子发火的时候冷处理。正视他的缺陷，批评对事不对人，信任孩子，放手让他做，让孩子敞开心扉，强调所得到的东西，懂得爱和尊重他人。

五、培养孩子的好性格需要让孩子做他自己。很久很久以前，有一个美丽的花园，花园里种满了苹果树和橘子树，还有美丽的玫瑰，她们都很开心很满足。这个花园的所有存在都很满足很完美。只有一棵树感觉很悲伤，因为这棵树有一个问题：她不知道自己是谁。苹果树说："你需要集中注意力，如果你真的愿意的话，你就生出很多可口的苹果。你看就是这么简单。"玫瑰花叫着说："不要听她的，盛开玫瑰花其实更简单，你看看我们多么美丽啊。"这个可怜的树就尝试了她们所建议的一切，但是她还是不能像她们一样，每一次尝试以后，她感觉到更加地挫败和伤心。有一天，花园里飞来了一只猫头鹰，她是鸟类中最智慧的了。她看到这棵树的绝望，就说："不用担心，你的问题并不是很严重，你的问题只不过和地球上所有的人类一样而已。我给你一个建议：不要把你的生活都浪费在别人希望你如何的事情上。你只需要聆听你内在的声音，做你自己，了解你自己。"说完这些，猫头鹰就飞走了。这棵绝望的树开始问自己："我内在的声音？做我自己？了解我自己？"忽然她明白了。捂住自己的耳朵，心就打开了，最后她听到了内在的声音对她说："你永远也生不出可口的苹果，因为你不是一棵苹果树。你也不会在春天开花，因为你不是玫瑰丛。你是一棵红树，你的使命是茁壮地成长，然后枝繁叶茂；你的使命是要给鸟儿提供巢穴，给路人提供荫凉，让乡村更美丽。这才是你的使命，去做吧。"这棵树现在信心十足，她坚定了自己是谁，决心就做她本来的样子。很快，她就茁壮成长起来，她的绿荫覆盖了很大面积，她也越来越被其他的人所尊重和敬仰。只有这个时候，整个花园才真正快乐起来。

看看周围，问问我们自己：到底有多少人跟这棵红树一样，认不清自己、不愿意让自己成长？到底有多少人像玫瑰一样，因恐惧而生出很多刺？又有多少橘子树不懂得如何去开花？在生命中，每一个人都有一个使命要去完成，都有一个空间是属于我们自己。孩子也一样，让孩子一生就做他自己！做自己的孩子才是智慧的孩子。

7 孩子学习不自觉怎么办

案例呈现

一位父亲说:"我家孩子是挺聪明的,做事也机灵,人缘也不错,就是学习上让人头疼,特别不自觉,都上六年级了,也不知道着急,每天都得大人催着才知道学习,而且学习中也是磨磨蹭蹭,忽东忽西。爸妈坐在跟前还好,如果让他自己做,那效果就特别差!该怎么办呀?"

教育分析

一、学习是谁的事?

先讲一个老故事,有一位老先生因为房前屋后总有一批孩子叫喊而睡不好午觉,就心生一计,告诉那些孩子:你们谁喊得声音最响亮,我就奖励他一块钱。于是孩子们声嘶力竭地高喊,直到这位先生给最使劲的孩子付账后才结束。第二天,奖励的金额提高到了五元,第三天十元。等到第四天的时候,老先生突然说:我今天不想听了,不给钱了。不给钱谁喊?孩子们一哄而散。

听起来是不是很有趣？本来叫喊是孩子们自己高兴去做的事情，只因为老先生给了几块钱，就变成了"为别人"做的任务；既然是为别人的事情努力，若是没有足以动心的回报，当然也就没有谁会去尽心尽力完成了。

同样的道理，学习本来是孩子自己的事情，考得不好，孩子本身也一定会感到沮丧。可是每每孩子拿着不太好的成绩单回到家，他就发现——啊？爸爸妈妈比我还紧张，原来这是他们应该着急的事情啊！时间久了，孩子的这种"不关我事"的感觉就会越来越泛滥，最终变成学习是爸爸妈妈的事，是他们让我学的。

二、什么是学习？真实的学习是怎样发生的？

有三个实验可以帮助我们认识这个问题。一个实验发生在印度。新德里有些穷人街，孩子们没钱上学，整天在大街小巷游逛。实验者为了探明穷人孩子是否有学习欲望和学习能力，便在墙上开了一个小洞，洞的大小正好能嵌进一台电脑，洞的高度和孩子的身高差不多。孩子只要触摸，就可以上网，但必须用英文。这一装置给孩子带来了极大的新奇感，大家围拢在一起讨论起来，有的还动起了手。一个星期过去了，有少数几个人触摸到了门道。两个星期过去了，不少孩子初步学会了用英文上网。三个星期过去了，穷人街上的孩子，你帮我，我帮你，几乎都会用英文上网了。这些孩子在学校吗？他们接受过教育吗？他们是在学习吗？答案不言自明：他们在不在学校，是不是接受过教育，没有人深入了解，但他们确实是在学习。这一实验引发了人们思考：学习，不一定发生在校园里、课堂上；课堂上教师在教，学生不一定在学。

第二个实验发生在江苏泰州。有一年放暑假，泰州实验初中布置学生自学语文、数学、英语、物理，要求学完教材的一半，开学后对所学内容进行考试。考试如期进行，考的是教材中的基础部分，结果大部分学生的语文、英语在及格分数以上，数学、物理低于及格分数线。老师们十分感慨：我们不教，学生也能学。他们也开始思考：什么叫教学？教师究竟应该教什么，什么时间教，怎么教？

第三个实验发生在南京市力学小学。语文特级教师李琳在自己任教的班上，用自愿报名与教师指定的方式，选了几位"小老师"，每星期安排一课时，让"小老师"给同学上课，其他课时也经常安排"小老师"上课的环节。"小老师"教得特别认真，同学们学得兴趣盎然，效果很好。学生有学习能力，也有教的能力，是能够自己教自己的。叶圣陶先生提倡的"教是为了不教"的深意究竟是什么？"不教之教"是不是教学发展的方向？

三个实验在告诉我们，学习的真谛是把学习本身还给孩子，让孩子为自己的学习做主。

三、是什么让孩子失去了自主学习的兴趣和能力？

首先，看看孩子做什么不会被批评，做什么会被批评。很多孩子可以在家里玩，可以看电视，但是学习的时候爸爸妈妈会陪着，学习的时候会让他坐直了，手要放好，眼睛离书远一点，不然会近视，还有字写错了就会骂他，要是作业没做完就会打他。但，他玩的时候我们会去伤害他吗？会去教导他怎么玩吗？会去批评他吗？假如一个孩子做一件事可能要遭受指责，而做另外的事情他就充满着快乐和自由，那他会喜欢什么呢？孩子在是非观还没有形成的时候，更多的是关注父母是用什么样的态度和方式来对待他。

其次，造成孩子学习不好的家庭习惯也会导致孩子失去自主学习的能力。比如常询问孩子在班级的名次；常指责孩子的失败；常阻止孩子玩耍而命其回到书桌前；在生活、学习中包办太多，使孩子未养成良好的学习习惯等。

再次，孩子对学习存在一些困惑，没有什么学习动力，缺乏学习的兴趣和习惯，也会导致孩子没有自主学习的能力。

教育策略

一、如何让学习成为孩子的渴望？

1. 经常倾听并和孩子谈论学习生活。刚入学的孩子对学校的一切都感到新奇、有趣，他们回到家会兴致勃勃地向父母讲述学校的学习生活。这时，家长应耐心倾听，并和他们讨论学习生活，这对培养他们的学习兴趣是很重要的。

2. 每次学习时间不宜过长。很多父母对孩子的期望普遍过高，希望孩子学习、学习、再学习，只要孩子端坐在书桌前，不管其效率如何，都会感到欣慰，因而总是催促孩子"坐好——开始学习"。无视孩子的心理特点，任意延长学习时间的做法会使孩子把学习和游戏对立起来，从而厌恶学习，对学习没有兴趣，还会养成磨蹭、注意力不集中的坏习惯。

3. 鼓励孩子获得成功。对孩子不要提过高的要求，让孩子获得成功，体验到成功的快乐，孩子才会对学习有兴趣。比如，孩子学会拼音和常用汉字后，可让他们给父母写封短信，父母也抽空给孩子回信，让他们尝到学习的实际效用，这样能培养孩子的学习兴趣。

4. 试着让孩子多提问题。孩子是学习的当事人，被迫学习，被迫考试，学习处于被动状态，时间久了，孩子当然就会产生厌烦。父母指导孩子学习时，可以换一种方法，不是经常让孩子去解答问题，而是采取让孩子提出问题的学习方法，进而激发孩子的学习兴趣。

5. 可以尝试让孩子做老师，试着交换一下教和被教的地位。孩子站在教方的立场，会提高其学习的欲望，同时，为了使对方明白，自己必须深入地学习并抓住学习内容的要点，这对于其自身的学习有很大的帮助。

6. 开展多样的比赛活动。"竞争"是支配人类行动的一个重要动力。比起一个人努力，不如和对手竞争能更大地发挥自身的潜力。父母可以让孩子和同班同学一起学习，一起写作业，看谁写得既快又好。

二、如何激发孩子的学习兴趣？

学习兴趣浓厚的孩子主要有如下表现：

· 有强烈的探索欲望，想要进一步了解客观事物，会调动一切已有知识经验来进行学习。

· 有较强的坚持性、专注力，对于一件事情可以长时间地关注。

· 勇于尝试、不怕失败，在不断探索中力求找到答案。

· 能进行自我调节，不断调整任务难度，使兴趣更具有持久性，且能够不断提高。

· 能够通过学习活动本身对自己进行奖赏和鼓励，学习过程本身就是一种满足。

激发学习兴趣需要：

1. 给予孩子探索的空间和时间，不事事包办代替。在保证安全的前提下，鼓励孩子从事难度略高于已有经验水平的任务，发现孩子的兴趣点，给予适当引导，培养广泛兴趣，允许多种兴趣存在。

2. 最典型的破坏孩子学习兴趣的表现有：忽视、嘲讽、武断制止和过度教育。

3. 培养孩子的自制力，可以让孩子每天在固定时间内做一件自己感兴趣的事。首先，原则是这件事一定是自己感兴趣的、喜欢的，而不是爸爸妈妈布置的任务。可以是一项运动，比如游泳、打羽毛球，也可以是照顾家里的宠物，看一本书，给花浇水，等等。其次，每天要花固定的时间来做这件事。无论是20分钟、30分钟，还是1小时，可以根据自己的空余时间来分配，而且最好是在同一时间点来做这件事。

三、如何激发孩子的学习动机？

1. 认识学习动机。孩子学习的内部动机包含：知识价值观、成功感、好奇心和求知欲、学习目标。学生学习的外部动机包含：荣誉感和好胜心、避免惩罚、获得奖励、取悦家长和老师。

2. 解决孩子关于学习的疑问。首先，让孩子明白为什么要学习，先让孩子明白学习有什么意义。可以给孩子举例子，地球上有人和动物，但看看动物，几千年来一直没有改变自己的生活状态，而我们人类却在不断地创造新生活，因为人会学习，人的大脑就是用来学习的。其次，让孩子明白学习有什么作用。学习就是在训练思维，将思维训练到一个高的水平，同样是老人，乡下的老人未必懂得哲学，但大学教授们却在创造哲学。这就是学习的作用，让人的思维变得高低不同。

3. 父母要帮助孩子树立这样的理念：他不是考试机器，也不是为了爸爸妈妈而学习。他是为了探索这个奇妙的世界，从而使自己的生活更加多姿多彩而学习；是为了增长智慧，为了探索自己的独特个性、人生价值，从而使自己的人生更有意义和快乐而学习；是为了更充分运用他的特长和才能去帮助他人而学习。

4. 对孩子，父母只需要提出五点要求：第一，一定要努力，总结经验就行，但不要过度在乎考试成绩。第二，在现在知识更新如此之快的时代，怎样学比从书本学到什么更重要。希望他能学到各种能力，比如时间管理能力、适合自己的学习方法、分析和解决问题的能力、独立思考的能力、寻找资源和自学的能力，等等。第三，希望他对这个世界有好奇心，想去探索未知的世界，求知欲强，有终身好学精神。希望他能在学校发现一两门很感兴趣的学科，能钻进去，甚至用业余的时间在网上查阅更多的相关资料。第四，希望他问老师的问题，老师都不一定能马上回答上来，而是说"嗯，好问题！我得想想，然后再回答你"。第五，学习不等于书本知识，更不等于学习成绩。书本知识只是学习的一个部分，生活才是最好最大的校园。

5. 智慧处理孩子的学习问题。

例一，孩子做作业磨蹭、不认真，或者没完成作业，家长要做的就是：明确地告诉孩子，学习是他的责任，不是父母的责任；制定界线，比如，作业在什么时候完成，完成的效果应该是什么样子的，完成过程中有困难可以向谁求助等；逐渐放手让孩子承担责任，包括完不成作业需要承担的后果，作业错误率高需要承受的批评等。规则制定好后，父母只需要和颜悦色偶尔提醒：功课做了吗？告诉孩子，如果他哪门学科需要，可以向谁寻求帮助。

例二，对于学习马虎，成绩不好(差)的孩子，父母应注意以下几方面：

首先，要有耐心，情绪稳定。

其次，和孩子沟通如下问题：①在学习上是否尽了全力？②是否认为自己无法搞好学习？③你需要什么帮助吗？

再次，向孩子的老师、同学或朋友了解原因：①孩子上课是否用心？作业是否认真？能否按时完成？②孩子平时喜欢与哪些人在一起玩？有没有受到什么消极影响？③孩子的特长是什么？兴趣是什么？能否根据孩子的兴趣和特长采取一些特别的措施，让孩子恢复自信，培养其成功感？

最后，父母要做到以下几点：①当孩子遇到困难时关心他，支持他，鼓励他坚持不懈，顽强奋斗。②让孩子养成独立学习、不依赖他人的良好习惯，不要总是干预、指导、帮助。③教育孩子正确对待失败，告诉他失败是成功之母,要善于从失败中找出成功之路。④以肯定任何大小成绩的方法来建立孩子的自信心,让孩子体会到,无论成功或失败,只要他付出了自己的努力,父母都一样爱他。⑤鼓励孩子提出切合实际的目标,一步步地争取,不要希望一步登天。

让孩子感受到责任感和成就感。理论上,0—6岁的孩子,父母控制;6—12岁,共同控制;12岁后,孩子自己控制。与孩子站在同一个战壕里,不幸灾乐祸,接受孩子的不完美。

多说鼓励孩子自主学习的话:

- 凡事都要有个计划,学习也一样。
- 你多花10分钟复习功课,上课就变得轻松多了,试试看?
- 你刚才做功课的样子很认真,希望你继续保持。
- 做完作业再玩,不是玩得更开心吗?
- 考得好不好不重要,重要的是你努力了,就会有进步。

⑧ 孩子没有责任感怎么办

案例呈现

有位妈妈说:"我家孩子什么都好,只有一个叫早问题让我头痛不已。每天在规定的时间内叫她起床,都要经历叫早无数次,拖个十分钟左右才能起床。后来听从好友的建议,给她定闹钟,可是闹钟响后仍旧要叫无数次才起床。每次就为这起床的事,一大早家里就鸡飞狗跳,她也不开心,我也是带着情绪去上班。这样的情况啥时候是个头呀!"

教育分析

一、溺爱是孩子不能为自己负责的根源

教育的最终目的就是为了让孩子成长为真正的自己,而不是任何人期待或要求的人;给予孩子最好的成长礼物是放开他的手脚,让他在不断地犯错中成长起来;给予孩子祝福,而不是担忧与焦虑。这些都是在诠释教育的含义,但现实中真正能做到的家长微乎其微。让孩子为自己负责不是一句口号,而是要切实地落实到教育孩子的每一天、每一件事情上。

爱孩子是连老母鸡都会做的事，是一种本能，但溺爱却是人类独有的一种方式。让孩子为自己负责，那就需要父母放开手，给孩子完全的信任，而不是按照自己以为正确的方式去爱。

有这样一个故事：有一年秋天，一群天鹅来到天鹅湖的一个小岛上。它们从遥远的北方飞来，准备去南方过冬。岛上住着老渔夫和他的妻子，见到这群天外来客，非常高兴，拿出喂鸡的饲料和打来的小鱼精心喂养天鹅。冬天来了，这群天鹅竟然没有继续南飞。湖面封冻，它们无法获取食物，老夫妇就敞开茅屋让它们在屋子里取暖并给它们喂食，直到第二年春天湖面解冻。日复一日，年复一年，每年冬天，这对老夫妇都这样奉献着他们的爱心。终于有一年，他们老了，离开了小岛，天鹅也从此消失了。可它们不是飞向了南方，而是在第二年湖面封冻期间饿死了。是什么导致了天鹅的死亡？是什么让天鹅失去了天性，不再能发挥自己的本能在冬天南飞呢？毋庸置疑，是老夫妇的慷慨爱心，使天鹅失去了天性而死。

面对孩子，我们也需要反思，我们的不恰当的爱是否也会剥夺孩子的天性，导致孩子不能为自己负责呢？

随着新教育理论的层出不穷，各种各样的教育理念和教育书籍导致了父母的集体焦虑，而焦虑的父母，正在制造一场"童年恐慌"。

二、爱孩子的误区

误区1. 对孩子经常有特殊待遇——孩子自感特殊，习惯于高人一等，必然变得自私，没有同情心，不懂得主动关心他人。

误区2. 过分关注孩子——孩子自认为自己是中心，家里人都要围着他转，一点点小事就要搞得惊天动地。一天到晚不得安宁，注意力极其分散。在学校也容易在同学面前表现出骄纵、蛮横的性格。

误区3. 总是轻易满足孩子的要求——必然容易养成不珍惜物品、讲究物质享受、浪费金钱和不体贴他人的不良性格，并且毫无忍耐和吃苦精神。

误区4. 孩子生活懒散——长大后缺乏上进心、好奇心，做人得过且过，做事三心二意，有始无终。

误区5. 总是对孩子祈求央告——孩子不能明辨是非，培养不出责任心和落落大方的性格，而且父母教育的威信也丧失殆尽。

误区6. 对孩子的一切包办代替——孩子不做任何家务事，不懂得劳动的愉快和帮助父母减轻负担的责任，会变得懒惰、自私，并且自理能力极差。

误区7. 剥夺独立——这种孩子会变得胆小无能，丧失自信，养成依赖心理，还往往成为"窝里横"。在家里横行霸道，到外面却胆小如鼠，造成严重的性格缺陷。

误区8. 害怕哭闹——害怕孩子哭闹的父母是无能的父母，打骂爸妈的孩子会变成无情的逆子，在性格中播下了自私、无情、任性和缺乏自制力的种子。

误区9. 当面袒护——孩子无是非观念，而且时时有"保护伞"和"避难所"，其后果不仅使孩子性格扭曲，还容易造成家庭不和睦。

三、教养孩子的成功点是什么？

当评价一个孩子是否优秀时，我们的标准常常是"听不听话""成绩好不好""有没有特长""是否获得了某项大奖"。我们疯狂地追求孩子的表现，而忽略了他们内在品格的培养。于是，我们听到了很多悲惨的结局：某名牌大学学生跳楼；某天才少年要求父母买房子，否则拒绝继续读书；某中学生，要求父母买奢侈品，否则不写作业……

电影《狮子王》中有一段经典的对白：小狮子王在前途迷茫的时候，来到旷野，眼睛注视着星空。他父亲的慈爱脸庞在星空中出现了，父亲告诉他："我一直在看着你，并会给你指引方向。"那么，什么是真正的教育成功呢？有三点至关重要：

1. 帮助孩子走出以自我为中心的桎梏，立定心志愿意为改善这个世界而努力，你的孩子将会有使命感，这样的孩子才能活出人生的意义。

2. 帮助孩子成为一个诚实、正直的人，能够做一个忠心的管家，把自己拥有的资源发挥到极致。

3. 一个愿意谦卑服务他人的孩子对于这个世界来说绝对是个福音，他的能力越大，给他人带来的福祉越大。

教育策略

培养为自己负责的孩子，需要做到如下几点：

一、让孩子为自己的行为负责

许多父母不愿让孩子去承担自己的责任，偏偏喜欢替孩子包办一切。父母爱自己的孩子是无可非议的，但不能事事都替孩子做。对孩子的任何要求都不拒绝，孩子就会喜欢依赖父母，自然就不知道如何去承担责任。

比如：孩子把玻璃杯摔了，妈妈虽然生气，但还是说："你怎么不小心点儿？快走开，小心被玻璃割伤！"然后，妈妈把碎片扫了，并把地给拖干净了。而孩子呢？坐在沙发上，看着妈妈做这一切。妈妈做好以后，告诉孩子："妈妈不是说过吗，玻璃杯和碗容易摔破，拿时要小心，可你怎么还是三天两头地打破东西呀？"孩子听着妈妈的话，头低了下来。看到孩子那副可怜样，妈妈心软了，又重新给倒了一杯牛奶，递给她："喝吧，要记着妈妈的话啊！"孩子点着头"嗯"了一声。谁知过了几天，孩子又把吃饭的碗给打破了，妈妈又是一通忙碌。当妈妈再次提醒她要小心时，孩子仍然只是"嗯"了一声。试想一下这个孩子会为自己的行为负责吗？

要让孩子为自己的行为负责，妈妈就需要在保证孩子安全的情况下，让她自己处理，甚至也可以让孩子体会一下行为的自然后果，然后再在生活中多提供让孩子用手拿东西、端东西的机会，锻炼孩子的平衡能力。

二、给孩子独立做事的机会

当孩子有了第一次我愿意做、我会做的表示时，正是孩子独立意识和自信态度出现的萌芽。这时候，如果家长拒绝孩子，替代孩子，等于"扼杀"了孩子独立做事的机会。这就好像是孩子掉进了父母设置的"温柔陷阱"，让孩子连动手的机会都没有，更何谈独立承担责任？等孩子在做事时真的遇到了困难和麻烦，孩子就会退缩，就会想到让父母来帮助自己，替自己承担责任。

为人父母，总希望自己的孩子听话、少犯错。但是，孩子在成长的过程中，总会伴随着这样或那样的错误，父母能做的，只是让孩子为自己所犯的错误付出一定的代价，从而认清自己错在哪里，避免再犯。只有这样，孩子才能成长为一个敢于正视错误、改正错误，并能主动承担责任的人。

三、让孩子承担自己犯错的结果

孩子做了错事，许多父母出于疼爱孩子而为孩子收拾残局。但是，这种"疼爱"不是真正的疼爱，它不能让孩子认识到自己的过失，不能让孩子从中获得应有的经验和教训，更不能帮助孩子树立起对自己言行的责任感，而只能是害了孩子。应当让孩子自己去承担错误的结果，让孩子认识到自己所犯的错误，这样才能避免以后重蹈覆辙。

比如有的孩子总是丢东西，而且对自己拥有的东西也不太珍惜，其背后一定是孩子每次丢了东西，都是父母来买单。如果在孩子第一次丢了东西后,父母让他自己去寻找,找不到也需要他为此付上一定的代价才可以重新获得,那么这个孩子保管物品的能力就会提高,就能为自己的物品负责任。

让孩子自己承认错误,能让孩子看到自己所做的一切带来的不良结果,知道做错事要负责任,以后就会注意自己的行为。即使是做了错事,孩子也能自然而然地去承担责任,而不推卸责任,或者怨天尤人,这对孩子的成长和今后的发展都是很有帮助的。

四、让孩子为自己的选择负责

父母可能对这样的场景比较熟悉:大冬天孩子出门,大人一个劲地嘱咐孩子要他多穿些,可孩子就是不听,甚至于会因为穿衣多少而带来一些口舌之争。其实父母只需要让孩子为自己的选择负责就好了,孩子体验了一次冷,或者身体承受了一次冷的代价,下次自然就会做出正确的选择。

现在的孩子大多娇生惯养,而娇生惯养的背后,是责任意识的淡漠。可见,责任感的培养,必须从小抓起。孩子做事,往往更多地重视行为过程本身,而不太重视行为结果。因此,要培养孩子的责任感,必须让孩子对自己的选择及行为结果负责。

9 孩子啃指甲、咬铅笔、咬被角……怎么办

案例呈现

一位母亲反馈,她7岁的儿子,最近迷上了"啃指甲",看电视时啃,写作业时啃,就连走路时也在啃,十个手指都被啃得秃秃的。刚发现时,只是语言上教育了下,告诉孩子这样不卫生。孩子表面答应不再啃,可一不注意又津津有味地啃起来。父母很无奈,就在孩子的手指上抹苦瓜汁、风油精,结果孩子反而啃得更厉害,最后得了甲沟炎,化脓,整个手都发炎变肿。赶紧带孩子去医院,医生说需要拔指甲治疗。看着孩子被拔掉指甲的小手,父母心疼得眼泪直淌。

教育分析

父母们在带孩子的过程中,会发现很多孩子都有啃咬东西的习惯。除了啃指甲、咬手指外,有的孩子还会咬嘴唇、咬嘴上的皮;有的不咬自己,但是会咬被角、咬铅笔,咬一切顺手的东西。

从孩子的自身发展规律来看,3岁前的孩子爱啃咬,是在通过嘴巴来感

知、认识世界，属于正常的"口欲期"探索。3岁以后的孩子出现这种情况，则有可能是"口欲期停滞"。简单来说，是孩子没有成功度过这个心理发展期，或者度过了，但因为外部压力或刺激，导致孩子的心理退回这个时期。

分析其原因可能有两点：教养不当形成的坏习惯，或者是一种由心理原因导致的行为障碍。

我们先来看看，出现这种行为的孩子，心里都在想些什么？有个孩子在上小学前，一直都跟爷爷奶奶生活，上学时才被爸爸妈妈接到身边。回来后，妈妈发现孩子有个毛病，没事就喜欢咬东西：在家睡觉时，喜欢咬被角；去了学校没有被角，就喜欢咬衣服。虽然发现一次批评一次，可孩子就是改不了。结果孩子衣服常出现被咬破、拉链被咬坏的现象，就算打了几次，都不管用。带他去医院检查，钙铁锌各项指标都正常，医生建议转去心理门诊，通过心理量表的检测以及和心理医生的面谈，才发现孩子不仅焦虑、情绪低落，而且还低自尊。因为从小父母陪伴少，孩子安全感不足，且回避人际交往；回到父母身边后，新环境的不适和父母给的压力太大；再加上不同程度的批评、否定，最终形成了负面强化，导致恶性循环。强烈的紧张和压抑，让孩子内心情绪无法纾解，也得不到情感上的抚慰，不知不觉就用咬东西来自我排解、转移注意力。

还有一个小女孩就喜欢在写作业时咬手指。究其原因，原来是由于妈妈在辅导时不断指责，造成了孩子焦虑、缺乏安全感，孩子需要通过咬手指来进行自我安抚。

这一系列的啃咬类行为障碍，一般都是在儿童期发病率最高，大多是情绪紧张、压抑造成的。比如说夫妻二人常在孩子面前吵架；父母的陪伴、关注度不够；受其他事件的影响，如考前焦虑、受到恐吓等，都会让孩子因焦虑、紧张而啃咬东西。

心理学研究显示，这些"啃咬"动作，能给孩子一种心理上的慰藉，属于一种"行为退化",能让孩子抑制焦虑、暂时心安。当然并不是所有"啃咬"的行为,都是心理问题,也有可能是身体里面微量元素缺乏的原因。孩子一旦出现这种情况,作为父母,我们就要先搞清楚原因,再来"对症下药"。

教育策略

一、孩子没事喜欢"啃咬",可能是身体在求救

研究显示,孩子3岁以后还喜欢啃手、咬被子,有可能是体内缺锌、缺铁等原因。同时,还会伴随注意力不集中、喜欢挑食、不爱吃饭的症状。又或是感染蛔虫所导致的"异食癖",比如说,喜欢到处乱咬,包括吃头发、指甲、墙灰、纸屑这些东西。

2007年,土耳其专家做过一项实验,挑选59名实验对象,来检测每个人的口水中是否有造成腹泻或呕吐的细菌。结果显示,76%会咬指甲的人测出阳性反应,而不咬指甲的人中只有26.5%验出阳性反应。可见,啃咬指甲会对孩子的身体健康造成影响,跟同龄的孩子相比,这些孩子体质更差,也更容易生病。所以,父母首先需要确定"啃咬"是不是孩子生理原因导致的行为反应。

二、父母不要轻易用"厌恶疗法"来制止孩子的行为

很多父母都曾经试过在孩子爱咬的物体上面涂黄连水、辣椒水或风油精,让他们感到痛苦,从而可以停止这种行为。事实上,这种"厌恶疗法"是不可取的。如果是直接涂抹在孩子肌肤上,那么很可能对孩子皮肤造成伤害,而且这种简单粗暴的行为,就是对孩子的一种变相惩罚,效果有限,

容易反复,还有可能让孩子啃得更厉害。另外,如果父母制止的手段过硬,表面上看让孩子中断了不良行为,但可能会让问题转移或变形。孩子虽然不咬手指了,但却可能开始咬别的。

三、分析原因、对症下药

如果是体内缺少微量元素,可以遵医嘱药物补充,也可以通过食补(如含钙的海带、虾皮,含铁的豆制品、动物肝脏,含锌的猪肉、牛奶等食物),慢慢就能恢复。如果是心理原因,那父母在平日里,就要给足孩子安全感和尊重感。比如说,经常去拥抱孩子、一起玩玩具、做游戏,看看孩子平时最喜欢做什么事,当孩子习惯性啃咬时,就可以用这件事迅速转移他的注意力。也可以通过动画片、绘本来引导孩子,让他们自己看看吃手的后果。

父母要谨记:决定孩子是否健康和幸福的,是他在成长中有没有感受到爱,有没有学会爱;父母对孩子最好的教育,是在他犯错时帮他找到解决办法,而不是指责批评。

四、用"限制疗法",耐心、智慧地帮助孩子纠正不良行为

习惯不是一天养成的,纠正之路也需要自然过渡。物极必反,没有孩子是在粗暴的强制中变好的。欲速则不达,面对孩子的行为,可以通过一步步的"限制疗法"去纠正。比如针对咬手指、啃指甲:

一开始,可以限制孩子不能在家里咬。人多的场合,大家都会自然而然地产生紧张,孩子更会下意识去咬手指。等到他能在家里做到时,再由内及外,做进一步限制。

包括时长限制也是如此,从长到短;范围则是从咬两只手减少到咬一只手,从咬所有手指减少到3根、2根、1根。

另外，还可以给孩子做些按摩。每天早晚，用大拇指在孩子的嘴唇四周上下按摩，一次大概 2 分钟左右。包括在刷牙的时候，习惯用小牙刷清理口腔，也能弥补口腔触觉，缓解孩子想要"啃咬"的冲动。

总 结

"啃咬"对孩子来说，是一种特别自然的动作。虽然会让很多家长感到困扰，但想要彻底戒掉，还是要用科学的方法，从细节入手。如果说，母亲的子宫是孩子的第一宫殿，那好的家庭环境，就是孩子的第二宫殿。想要孩子拥有好的习惯、健康的人格，那我们就要营造出一种轻松、和睦的家庭氛围。任何的操之过急，或者是缓慢滞后，都会对孩子正常的心理发育造成影响和伤害。希望爸爸妈妈们，能够温暖而有耐心，帮助孩子，让他们更加开朗、自信。父母慢慢来，孩子才能走得快。

⑩ 孩子逃学、辍学怎么办

案例呈现

有个上中学的孩子，父母是做生意的，赚钱很不易。孩子小学阶段是放到乡下老家由老人带，孩子上初中了，父母怕孩子落伍，以后没出息，花钱找了一所好点的初中，把孩子接到城里上学。没想到孩子不争气，居然逃学，经常不去上课，满大街瞎晃悠……父母感到无计可施。

教育分析

逃学的孩子在学生总数中所占的比例应该不会太大，但这种现象已经是孩子诸多学习问题中表现最极端的方式。

导致孩子逃学的因素很多，用心理学家的话说：学生逃学的本质可以归结为对某种压力或环境适应不良而产生的消极"逃避"行为。这种压力包括学习压力、考试压力、人际交往压力、情感压力，甚至因为生活条件的攀比（穿衣、吃饭、骑车、坐车……）带来的心理压力，都有可能导致孩子在找不到自己"强于他人"的感觉后，索性选择"逃避"。毕竟逃避与比拼相比，逃避要显得轻松许多。

具体说到案例中的这个男孩，他是一个从县城转学到省城的孩子，一个家庭出身比较普通，可能也是一个学习成绩并不出色的孩子。不难想象，当这个孩子从他熟悉的环境来到陌生的城市之后的感受。

首先，孩子和父母之间没有亲情感或者孩子和父母之间没有建立安全的依恋关系。虽然人在父母身边，但情感上和父母并不亲近。从孩子健康成长的角度来说，孩子0—6岁一定要父母亲自抚养，6—12岁最好也跟着父母一起生活，否则孩子不仅以后与父母难以建立亲情感，而且会影响孩子健康人格的形成。而这对于很多父母来说，有可能是一个悖论。很多父母如果给孩子一份守护，那么就会因为付不起孩子的各项教育费而耽误孩子的学习和成长；而顾及了工作，又会提早失去孩子对自己的依恋……案例中这个男孩，父母于他而言，像隔壁的邻居，熟悉但却没有亲情。而那些虽然在父母身边长大，但由于亲子之间缺乏正确的沟通方式和互动方式，导致和父母之间出现内心隔阂的孩子，当他学习上遇到困难和挑战时，得不到父母的支持或者不愿意寻求父母的支持，也会导致逃学这一行为。

其次，朋友缺失。当孩子进入群体后，对他影响较大的除了环境可能就是朋友了。朋友对于大孩子尤其是中学的孩子就好比空气一样，一旦缺失，无法生存。案例中的男孩刚转进新环境，肯定无法在短期内融入，也无法交到很可信的朋友。而一旦孩子没有朋友，那么学校的生活就会让孩子感觉特别无味。如果再没有骄人的成绩，那就只能选择逃学了。

再次，没有核心竞争力。在生活中，我们会发现，那些特别喜欢上学，享受学习时光的孩子，一般都有过人的核心竞争力：比如，学习很好，成绩很棒；比如，能歌善舞，能言善辩；比如，有特殊专长，会画画，会打球，会很多其他同学不会的东西……如果这些都没有，孩子往往就会厌烦学校生活，讨厌学习本身。这种情绪积累到一定程度的时候，孩子就会出现逃学、辍学等行为。

教育策略

孩子一旦出现逃学、辍学的行为，父母首先要冷静。

不要急于批评或者惩罚孩子，而是要让自己冷静下来，先检讨一下自己，比如父母平时对孩子的关注是不是太少了？很多父母平时忙于工作，和孩子很少交流，除非孩子出现父母不能接受的问题。调查显示，很多孩子逃学、辍学在潜意识里还有另一层解释：他想用这种极端的方式，引起父母对他的关注，不仅关注他的吃喝拉撒睡，也要关心他内心的孤独和无助。父母甚至可以把这理解为孩子向成年人伸出的一双"求援"的手。在这样一个时刻，父母不可以粗心大意，或漠然置之，应该抓住这个机会，拉近和孩子的距离，打开孩子的心扉。

其次，父母要学会或者练习倾听。

很多父母平时和孩子交流得少，问的最多的也是学业问题，甚至有的父母一天都和孩子说不上几句话，偶尔的几句不是质问就是催促，或者是埋怨和指责，导致孩子有些话不愿意对自己的父母说，甚至把自己的心门向父母关闭，这时候父母就需要先练习倾听。

父母可以先听孩子讲他内心的感受，讲他选择逃学的原因。在倾听的过程中，不能像过去那样，动辄大发雷霆，甚至骂一声"不争气的兔崽子"，抓起手边的东西砸向孩子。而是要站到孩子的立场上，理解孩子内心的感受，让孩子感受到父母其实是关心他的，是爱他的，是理解他的。

然后听取孩子下一步的打算，多数逃学的孩子对于逃学后的"怎么办"并没有一个明确的打算。这种孩子的情况相对单纯，他们选择"逃避"，仅仅是因为"不适应""不舒服"，"逃避"就是他们的终极目标。这样的孩子在经过细心工作后，多数都能选择重返校园。对于萌生打工或者独立工作需求的孩子，父母可以借这个机会，告诉孩子父母工作的压力和艰难，以及对孩子的期望。如果孩子执意体验，不妨寻求个相对安全的环境，让孩子去体验一下社会的辛酸。当然，还有一些孩子选择逃学是经过了深思熟虑的。他们往往有自己逃学后的具体打算，家长对待这种孩子的策略就需要因人而异了。如果是初中的孩子，那要无条件地说服孩子必须回到学校去。因为保证义务教育阶段的子女完成学业，父母是负有法律责任的。如果是高中阶段的孩子，孩子确实不适应学习，去意已决，而且也有自己的去向规划，父母不一定要和孩子对抗到底。有一个女孩，18岁了还在上高二。她就是高中一年级时选择辍学，并执意要去打工。父母虽然很生气，但还是放手让她出去。她在外面"晃"了一年，因为没有文凭，处处碰壁，意识到不学习还是不行，所以向父母提出重新返校学习。让她很感动的是，父母在同意她选择辍学时，又背着她在学校办了"休学"手续，理由是孩子生病，需要治疗和调养。这个英明的举措，为她能顺利返回学校奠定了重要基础。

再次，父母要帮助孩子搬掉绊脚石。

如果孩子同意重返学校，父母不要以为云散风清、万事大吉了，因为导致孩子"逃学"的根本原因并没有消失。所以，父母要努力帮助孩子搬掉前进路上的这块"绊脚石"。如果"石头"很多，那至少要搬掉最主要的"石头"。如果孩子最大的困扰是在学习上，那就帮助孩子提升学科成绩，哪怕有一门课有出人头地的机会，孩子丢失的自信心就会找回来。可以先从孩子最有优势的一门功课抓起，帮助孩子建立学习计划，或送孩子到校外教育机构短期补习（前提是家庭财力能够承受），鼓励孩子一步一步走出困局，走向成功。

总 结

孩子逃学、辍学，看似是父母遇到的特别大的挑战，其实也是给了父母一次重建与孩子关系的机会。父母可以借助对孩子的帮助，重新梳理与孩子的关系、夫妻关系以及家庭的氛围，练习亲子沟通的方式，打开孩子的心扉，找到可以真正帮助孩子的管教方式。

⑪ 孩子做什么事都必须要表扬怎么办

案例呈现

一位妈妈说,她们家三代独生子女,父母相亲相爱,家庭氛围比较民主,家人信奉欣赏教育的方式,女儿从小就在赞美教育中成长,不仅在家人人夸,孩子上的幼儿园还有专门的活动,让小朋友互相点赞。在幼儿园哪个孩子上课回答问题,或者帮老师做值日,其他小朋友就会一起鼓掌,说"你真棒"。随着孩子年龄的增长,她慢慢发现不对劲,孩子做任何事情似乎都是为了得到赞美和表扬。一旦没有及时得到赞美和表扬,她就会情绪很低落,还会主动要求大人"你要表扬表扬我"。读小学以后,情况变得更糟,因为不能经常听到"表扬和点赞",她变得不喜欢老师,有极强的挫败感和逆反心理,甚至一度出现厌学的情况。

教育分析

这位妈妈反映的孩子的问题,几乎是信奉"表扬出贵子"家庭或早或晚都会遇到的问题。当然,父母期待孩子有好行为、好品行的心情可以理解，父母眼里自家孩子全身都是宝，这也无可厚非。大多数父母自身都是在打击、贬低下成长的。于是，很多父母在成为父母之前，都曾经信誓旦旦决不会让孩子重蹈自己的覆辙。由于自身的经历让他们太明白肯定和赞赏的重要性了，父母迫切希望自己的孩子自信、勇敢，不再受跟自己一样的苦。因而一度出现"表扬出贵子"的说法，无论是教师还是父母，张口闭口都是"你真棒""你太聪明了"。

有一次在餐馆吃饭，邻桌一个五六岁的孩子自己吃了一碗饭，爸爸妈妈爷爷奶奶简直像看到地球之光一样，围着孩子说"你真棒"，甚至爷爷还特地去买了块巧克力作为奖赏。试问这么大的孩子自己吃饭，难道不是他的本分？

毋庸置疑，孩子在成长过程中，确实需要身边的成人给予最大程度的关注，需要鼓励和欣赏他成长的部分，需要成人多多看见他的努力和突破，他的个性和特质也需要被认可，但决不是随意的"你真棒""你真聪明"。因为随随便便赞美或者表扬一个孩子，并不能让他们树立自信，相反可能会使孩子失去自我判断能力，变得敏感、脆弱、自恋，只能听好话，不能接受批评。就像案例中出现的这个女孩一样，无法面对任何的负面信息，做事的动机就是求得他人的赞美和认可。凡事有度，孩子需要赞美，但需要的是合宜的、能促使他成长的赞美。反之，只会适得其反。

首先，不合宜的表扬会使孩子失去前进的动力。孩子不知道什么是自己想要的，因为获得赞美太容易，会想当然地认为自己已经无须努力。就像海豚会游泳，不会获得奖励，但会顶球、套圈，就会获得小鱼干；如果父母过于随意敷衍地献出了自己的赞美，让孩子觉得只要会游泳，就是世上最厉害的小孩，那么他为什么还要去学习顶球和套圈？这样孩子就会放弃努力，甚至认为自己无须努力就已经很优秀了。

其次，过于草率的表扬让父母与孩子都丧失了思考的能力。

和朋友一起带孩子去游乐场玩，孩子玩得很开心，妈妈一边刷手机，一边对孩子说"你真棒"，还时不时地对孩子竖大拇指。我忍不住问她，你觉得你家孩子棒在哪里？她茫然地看了我一眼，思考了好一阵，才说他自己和小伙伴玩，没来一个劲地打扰我，这就很棒啊。可想而知，孩子长期在妈妈这样的表扬下，他真的知道自己好在哪里吗？而妈妈又真的思考过孩子"棒"在哪里了吗？

再次，父母随意地表扬和赞美极容易造成孩子的讨好型人格。

父母表扬孩子的目的是让孩子成长、乐观，拥有挑战未来的能量和优良品格；而随随便便、无时无刻不在表扬孩子的父母，很大程度上只是为了暂时安抚孩子，让他们安静、听话、懂事。而孩子人小鬼大，很快就会明白做什么、怎样做，才会让爸爸妈妈高兴。为了收获更多的表扬，孩子极可能失去对自身喜好的判断，变成心机小孩，当面一套，背后一套。更严重者，会让孩子慢慢变为讨好型人格，自己所有的行为都是为了让他人满意，做事的动机也是为了博得他人的认可，也可能一辈子都生活在他人的评价中，丧失了自我。

美国宾夕法尼亚大学心理学教授安格拉（Angela Duckworth），在对数千个样本分析后得出结论：决定孩子未来是否能够成功的，不是漂亮的外表、社交智力、很高的IQ，而是坚韧的品格、顽强的毅力，是抗压和抗挫折能力。父母的随口表扬，让孩子失去的正是"坚韧"这种最宝贵的品格。往往，喜欢随口表扬孩子的，与喜欢随口打击孩子的是同一类父母。他们最大的特点是不动脑筋、简单粗暴、懒得观察，无力与孩子进行灵魂深处的交流。有一位妈妈，孩子小时候跳得高一点，她说你好棒；跑得快一点，她说你真聪明。等孩子上了小学，经常看到她在路上骂孩子，说你怎么这么笨……过于随便的赞美，有时候是一种洗脑，让父母慢慢相信了自己的孩子与众不同，一旦孩子力所不及，父母先被挫败感打倒了。

教育策略

1. 在孩子的成长路上，最重要的不是做得好的时候被表扬，而是做得不好的时候被鼓励。一个女孩以前一直觉得自己的爸爸特别严肃。小升初，她读了本市最好的学校，第一学期考了全班倒数第五名，对于她这种"别人家的孩子"，简直是世界末日。父亲却笑着对她说："天外有天，人外有人，下次考倒数第10，我给你个惊喜。"期末考试，她已经到了全班中等。初二的时候，她重新回到了前十名。现在在英国读书，每次遇到困难，都会想起父亲当年的淡定与幽默。她说再动听的赞美，都比不上天塌了的时候，家长的淡定从容。父亲让她明白了，人生是长跑，不必只争朝夕，战胜困难的过程，比名次和荣誉重要。

2. 正向的肯定，从来不是简单的"你真棒"，而是考验父母细心、耐心和智慧的大工程。几点建议给大家：

第一，表扬要具体，不要赞美结果，而要多表扬过程。好好吃饭，认真写作业，按时睡觉，收拾自己的房间，都是孩子分内的事。值得夸奖的不是他做了，而是他为这件事付出的努力，是他战胜自己的过程。

第二，多给孩子思考的机会。当孩子克服困难完成一件事，除了说"你真棒"，请多问一句"你是怎么做到的？"让孩子进行自我分析，明白自己是如何进步的，下一次，遇到困难，他就不会随便放弃。这一点，对于培养孩子坚韧的品格非常重要。

第三，表扬的时候多用概括品行的词语，也就是常说的夸孩子的人格特质。孩子按要求完成了某项工作，父母可以用描述性的语言表扬孩子，比如"我很高兴，看到你没有被催促就主动完成了××，你的自觉和认真让我很为你骄傲",也就是把孩子的具体行为和孩子的某项人格特质联系在一起。

总 结

孩子成功的时候,给他拥抱;失败的时候,给他肯定。失败的意义,不是让我们哭泣,而是让我们爬起来,从另一条路通往成功。父母的态度决定了孩子能否跨越失败,把人生变成长跑。随口的赞美,是孩子成长的毒药,甜而无用。为人父母,要用心感受孩子成长路上的困境与挣扎,不是你好的时候,我肯定你表扬你,而是无论你怎么样,我都接纳你帮助你,这才是最好的表扬。

12 孩子不适应小学生活怎么办

案例呈现

孩子明明,今年刚入小学,开学才两个月,据妈妈介绍说,孩子厌学;老师说他上课总管不住自己;磨蹭;不会听讲;不懂得遵守课堂纪律;对什么都视而不见、充耳不闻;笨手笨脚,自理能力差;不会与同学相处;经常哭哭啼啼……总之就是一堆的问题,老师建议孩子暂停上学。孩子的父母很茫然,孩子年龄也够了,怎么就会出现这么多的问题呢?

教育分析

案例中的明明,他所表现出的很多行为都表明,孩子可能还没做好入学的准备,或者是还没具备成为小学生的能力。俗话说,世界上没有完全一样的孩子,每个孩子都是独一无二的。父母需要明确,每个孩子成长的轨迹都是不同的。

首先需要搞明白差异背后的秘密。做父母的都有这样的体会,孩子越小,年龄差异导致的表现差异越大,相差一个月出生的孩子发育水平的差距惊人。随着年龄增长,差异渐渐变小。每个人都会有三个年龄:自然年龄、生理年龄和心理年龄。

自然年龄:按照目前国家对入学年龄的要求是截至 8 月 31 日,所以小学一年级的学生有的可能 8 月底生日,有的可能 9 月初生日,也就是说,有的刚满 6 周岁,有的马上就 7 岁生日了,都是一年级,生理年龄相差近一岁,七分之一的差距,于是各方面的发展存在差距。

生理年龄:个体骨骼、肌肉、结缔组织、内脏、神经系统等发育的生理成熟度。骨骼主要表现为身高,身高优势对孩子的自信建立、运动能力、同伴关系、体育达标等都有很大影响。

心理年龄:个体认知、人格和社会性的成熟度。一般来说,儿童的自然年龄与儿童的生理成熟度和心理成熟度理论上应该是同步的。但研究显示,有 34% 左右的孩子或生理年龄或心理年龄没有达到自然年龄,这些孩子入学后就会遇到不同的适应问题。

教育学常识告诉我们,影响个体发展的因素包括先天(遗传、孕期、出生)因素、环境因素、教育因素和主观能动性。由于后天成长环境和受教育水平与程度的不同,会使相同年龄儿童的生理成熟度和心理成熟度处在不同的状态,这就使得孩子们在进入小学时即存在着很大差异。

而差异就会造成"入学困难生"。生理和心理发育不均衡的孩子并不意味着"笨",在日常生活中的某些方面,他们发展得还是不错的。这就给很多父母造成了误解,认为孩子可以入学,而学校又会用同一个标准来要求所有的孩子,于是就出现了案例中的不适应的入学困难的孩子。这些孩子在低年级时"翻身"的可能性不大,一般要到三四年级才可能"崭露头角",有的要到五六年级才"彰显本色",有的甚至到初中后才显示出"后劲儿"。他们其实不是"学不会",而是需要更多的时间。

> **教育策略**

父母首先需要帮助孩子做好上学的准备。古人云"失之毫厘,差之千里",在孩子进入小学之前,父母先判断一下孩子是否已经具备了上小学的条件。以下几个方面可以帮助父母权衡。

1. 身体方面。父母可以就孩子的运动能力、生活习惯、饮食习惯做个评估,如行走、奔跑、上下楼的能力,参与日常体育活动的能力等。通过评估,一方面可以知道孩子哪些方面需要提高,哪些方面已经完全达到了上学的能力,哪些需要老师帮助等;另一方面也可以知道孩子睡眠情况及睡眠时间,是否挑食等。

2. 自理能力。孩子是否可以独立上厕所、自己吃饭或者会表达自己的基本需要。

3. 安全感。父母要知道,孩子上学是不是容易出现焦虑。每天送孩子入校后,他情绪如何;放学回家后,他情绪如何。入学之前,父母可以有意地训练孩子。

4. 与人交往的能力。父母平时可以观察孩子是喜欢扎堆玩儿还是喜欢躲开人。如果孩子总缠着妈妈,不敢到其他孩子的中间,就要适当地引导和鼓励他。同时,也要观察孩子在和小朋友一起玩耍时,是否愿意分享,如何表达自己,遇到了挫折怎么办,并且要恰当引导。

5. 情绪情感发展状况。父母可以观察孩子的需要没被满足的时候他的反应,别人批评他的时候他的反应,以便帮助孩子正确表达情绪。

6. 智力方面。首先,孩子的语言表达能力,包括身体语言。一般情况下,爱说话的孩子适应会比较快。孩子可以用语言比较清晰地表达自己想要的东西或需求。如果孩子表达不清,他能够用肢体语言表达自己的需要也没有问题。另外，孩子的理解力和专注力的发展情况也很重要。

其次，帮助孩子适应小学生活，父母可以从几个时间段来下功夫。

入学前：

1. 用正面字眼描绘新环境。父母可以和孩子探讨以下问题，比如：你喜欢上学吗？为什么？你知道上小学与上幼儿园有什么不一样吗？你还想知道小学的哪些事情？可以告诉孩子：上学后能学会认更多的字、读更多的书，学会算题，学会唱许多动听的歌，画更多美丽的画，学会讲英语，学会……在那里，你能结识许多新朋友、新老师，他们都会喜欢你。

2. 带孩子提前熟悉校园环境，让孩子知道未来的学校是什么样的，有哪些教室等。

3. 到操场上，演练些游戏器材，注意安全。

4. 提前调整作息，最好能和学校的作息制度一致，让孩子有充足的睡眠。

5. 增强生活自理能力。

6. 适当给孩子做好一些必备知识和习惯的预备，比如手眼协调性、书写名字和翻页以及静坐聆听等基本技能。

入学后：

练孩子的耐力：生活中可以通过各种体育运动，磨炼孩子的耐力，比如跳绳练习、跑步练习等。

磨孩子的耐性：当孩子特别着急去做某件事或者特别急于得到某样物品时，告诉他等待，等待多久，让他尝到耐心等待后的福利，学会控制自己的欲望。

提高精细动作能力：给孩子准备一些沙子，让孩子经常用小手去触摸，开展沙子寻宝游戏，还可以通过使用筷子和涂色等游戏来加强孩子的手部精细动作练习。

教会健康、安全知识：给孩子进行适当的安全训练，教育孩子遵守规则，可以通过角色扮演或者情景训练的模式来进行。

加强与学校的沟通，建立家校联系册，定期联系。建议一个月与孩子的所有老师沟通一次，及时了解孩子的状况，在孩子最需要的时候给予帮助，培养孩子的阅读和听课习惯。

总 结

让孩子更好地适应学生身份，父母首先需要学会等待，用期待和鼓励性语言，更重要的是要抓住教育的契机，重视孩子的每一个第一次，重点放在陪伴和习惯训练上。

⑬ 孩子注意力不集中怎么办

案例呈现

有位家长控诉自己孩子,说孩子写作业时一会儿玩玩橡皮、玩玩铅笔,一会儿到客厅喝水,一会儿去厕所,就是在椅子上坐不到 10 分钟。上课也是要么白日做梦,要么神游天外,要么就戳前捣后,干扰其他同学,老师制止后可以安静一会儿,但没有什么效果。父母为此非常苦恼。

教育分析

案例中这个孩子的表现就属于非常典型的注意力不集中。这个问题表现在学习上,就是上课思想开小差、不能坚持听讲;学习粗心大意,经常出错;做作业拖拉磨蹭。目前,注意力不集中已经成为影响孩子学业和亲子关系的一个很大的问题。

法国生物学家乔治·居维叶说:"天才,首先就是注意力。注意力就是知识的窗户,没有它,知识的阳光就照射不进来。"注意力是所有学习的第一步。如果总是难以集中注意力,对一个孩子的负面影响不言而喻。

但研究显示，大部分孩子的注意力缺失或者偏弱，不是先天的，而是后天的教养环境和父母不恰当的教育方式导致的。关于儿童成长规律的统计表明，3—6岁这个阶段，是孩子注意力发展的关键时期，需要父母正确的保护和引导。然而现实却是，父母常常会在不经意间，成了破坏孩子注意力的一大"帮手"。

比如随意打扰孩子

蒙特梭利有句名言："除非你被孩子邀请，否则永远不要去打扰孩子。"

地铁上，一位妈妈带着女儿，一上车孩子就拿着平板玩一些益智游戏。这位妈妈在1个多小时的时间里，一刻也不停地去打扰孩子，一会儿问热不热，渴不渴，一会儿拿水果饮料给孩子，一会儿又"逼着"孩子和爸爸视频通话，花样百出，孩子到头来也没几分钟时间专注在自己的事情上。很多孩子的注意力，就是这样被父母破坏的。

在孩子认真完成一件事的时候，就是注意力训练的关键时刻。在这个时间段里，孩子在建构自己的认识体系，控制自己的动作、语言，充分思考，这样的时间段十分珍贵，对孩子的成长极具价值。父母要尽力去维护好孩子这样的状态，不要去破坏，也尽力防止其他人的干扰，这就是对孩子最好的注意力训练。

比如过度控制孩子

一个孩子正准备自己倒水喝，这时父母突然尖叫一声："别动！"立刻冲过去给孩子倒好水。留下孩子茫然失措，不知如何是好。这样的场景在现实生活中特别常见。父母总是放不下担心孩子的那颗心，不管什么事都想帮孩子做好，让孩子的一举一动都在自己的掌控下才肯放心。殊不知，过度控制，也会破坏孩子的注意力。如果孩子日常的活动总是被控制，就会逐渐丧失主动的能力，也会失去兴趣。而一旦兴趣丧失，注意力也会同样降低。

再比如忽视环境的影响

很多父母在家里咋咋呼呼，家庭氛围总是纷乱嘈杂，还在抱怨孩子学习静不下心，坐不住，其实正是忽视了环境对孩子注意力的影响。当孩子处在平和、安静的状态下，他不仅能主动完成很多活动，而且非常专注。

因此，当孩子出现注意力的问题时，正是孩子需要帮助的时候，也是父母需要反思的时候。

教育策略

一、要想改善孩子的注意力问题，必须先弄清楚，有哪些因素会影响到孩子的注意力，自我检测，找到原因

概括起来，影响孩子注意力的因素有如下几个方面：

1. 生理方面，孩子的大脑发育不完善，神经系统兴奋和抑制过程发展不平衡，自制能力差，导致孩子的注意力偏弱。

2. 病理方面，一些日常病症也会影响孩子的注意力。比如轻微脑组织损伤、脑内神经递质代谢异常等可引发儿童多动症，主要表现为注意力不集中、活动过多、冲动任性、情绪不稳、行为异常、学习困难；神经根结构或功能异常可引发儿童抽动症，除了主要表现为交替出现的刻板式眨眼、皱眉、努嘴、清嗓音、扭脖子、耸肩、甩胳膊、踢腿外，也常伴有注意力不集中。另外，有听觉或视觉障碍的孩子也会被误以为充耳不闻，不注意听或熟视无睹，缺乏学习意愿。这些情况需要得到专科医师指导下的治疗

才能改善。

3. 饮食方面，一些含兴奋因素的食物，如糖果、含咖啡因的饮料或掺有人工色素、添加剂、防腐剂的食物，会刺激孩子的情绪，影响孩子的专心度。此外，如果血液中铅含量过高的话，也会对孩子的注意力有影响。

4. 家庭方面，教养态度与家中生活习惯对孩子的行为影响也很大，也常是影响孩子最主要的因素，但"当局者迷"，家长往往无法客观地找出问题的症结所在。从下列几个方面来观察，也许可以找出一些原因。

①父母教养态度是否一致？态度不一致的情况常使孩子无所适从，没有定性。

②父母是否太宠爱孩子，缺少行为规范？过度的宠爱会导致对孩子的纵容，往往使孩子随心所欲，爱做什么做什么，没有忍耐、克制情绪、克服困难的观念，做事自然难以静下心来进行到底。

③玩具或书籍太泛滥？外在刺激太多，玩着汽车又找别的玩具，一换再换。玩具只带给孩子短暂的吸引，无法在玩的过程中感受到发挥想象力与创造力的乐趣。

④家庭生活节奏是否太快？家长凡事讲求效率，步调原本较慢的孩子，被迫在快、快、快的节奏中打转，根本无暇慢慢而专心地完成一件事。

⑤家里的活动是否太多？太多则无法给孩子提供安静的环境，因为生活总在浮动的气氛中度过。若非自制力很强的孩子，很难建立良好的专注力。

⑥学习的过程中是否积累了不愉快的经验？提供给孩子的素材太深或太浅，都不易引起他们的学习兴趣，而引导的技巧不佳，或经常因此造成乘兴开场，大哭收场的局面，将使孩子对学习产生排斥的心理，学习起来自然无法专心。

⑦孩子是否有情绪上的压力？如孩子觉得自己达不到父母的期望，那么这样的压力易使孩子看起来魂不守舍。

⑧是否过多地批评孩子？过多地批评可能使孩子形成不良的暗示，使他产生"反正自己怎么也干不好"的想法，从而做事时不肯专心完成。

⑨孩子是否受到太多不良信息的影响？包括不好的影视作品、同龄伙伴不良行为的影响等。

二、排除病理原因后，通过针对性的训练，提高孩子的注意力

日常活动中多观察孩子。当孩子在专注做事的时候，注意观察什么样的活动能使他持续，什么样的活动能让他感觉愉快，然后鼓励他坚持下去，直到他完成。

多给孩子一些选择的机会。孩子喜欢专注于自己喜欢的活动，所以让孩子自己选择。

父母做一个注意力集中的榜样。当你和孩子一起玩迷宫游戏时，把自己的专注力尽量夸大，让孩子看到。

多鼓励重复。当孩子完成了一件事后，把他手上的东西拿开，放到另一个地方，然后问他："你愿意再做一遍吗？"记住，让孩子将半个小时的时间集中于一项活动，比他用10分钟做做这个、用10分钟弄弄那个的效果好很多。如果你想让孩子集中注意力，那就让他玩一些固定的玩具，直到这些玩具被玩坏为止。

父母也可以利用陪孩子的时间，和孩子做一些有关注意力的游戏。在玩的过程中加强注意力的训练，一方面可以增强亲子关系，另一方面又提高了孩子的注意力，二者兼得，何乐而不为呢？以下是一些可以训练孩子注意力的游戏，供大家参考。

听力游戏。关闭手机、拔掉电话，创造一个尽可能安静的氛围。用脚尖走路并且低声说话，让孩子盘腿坐在地板上，然后要用尽可能小的声音告诉孩子游戏规则。孩子必须尽可能地集中注意力才能听见你的声音。"我

们要玩一个安静的游戏，我会踮着脚尖轻轻地走进厨房，你要闭上眼睛仔细听，要不然就会听不见。我会轻声叫你的名字。当你听到我叫你，别出声，走过来就行了。"说完这些话，你就悄悄地离开。过一会儿，从另一个屋子开始轻轻叫孩子的名字。这个游戏可以持续半小时，如果有孩子的其他同伴参与，效果更好。

数字传真。家长将一系列的数字读一遍，孩子在听完之后凭记忆写下听到的数字。数字可以由4位到10位不止，读的速度可以由慢到快，一次听写5—8个数字，逐渐加大数量，直到孩子听写无误为止。需要提醒的是，家长每个数字只读一遍，不要重复。

听字训练。家长读一段短文，孩子认真听，当听到指定的某个字就用笔在纸上打一个"√"，家长读完后统计指定字的个数，直到孩子记录的个数与短文中的个数相同为止。

词语思维训练。家长准备一些词语念给孩子听，每念一个词语，孩子需要认真听并依据要求做出反应。比如当听到电器就马上举起右手，当听到学习用品就马上举起左手。（也可以换不同的动作反应，比如跺脚、拍手、呼喊、画画，还可以让孩子自己制定动作反应）

按顺序找数字。在一张有25个小方格的表中，将1—25的数字打乱顺序（舒尔特方格表），研究表明：7—8岁儿童按顺序找到每张图表上的数字的时间是30—50秒，平均40—42秒；正常成年人看一张图表的时间大约是25—30秒，有些人可以缩短到十几秒。家长可以多制作几张这样的训练表，每天训练一遍。

扑克游戏、"开火车"游戏等，这些游戏由于要做到口、耳、心并用，因此能让注意力高度集中，同时也锻炼了思维快速反应能力，而且这种游戏气氛活跃，能调动人的积极性，孩子玩起来乐此不疲。

注意力训练的游戏还有很多，无论哪一种游戏，都需要家长用心、用时，更关键的是既然是游戏，那就需要用游戏的心态，不要把它当成任务或者作业，更不要在过程中掺杂太多的评论和功利心。当家长把训练当作陪孩子玩游戏时，训练的效果才会出来。为了培养孩子的注意力，家长首先应该向孩子奉献出自己的注意力。

总 结

孩子注意力出现问题，看似是孩子的行为出现了差异，实际上可能是重整家庭氛围和改进教养方式的机会。父母首先要谨记不打扰孩子的注意力，其次要学会观察孩子的注意力情况，再次即使出现了注意力问题，也不要着急，或者急于给孩子下个判断，而是要积极地想办法去训练和提高孩子的注意力。

14 孩子粗心怎么办

案例呈现

"今天刚买的东西,他明天就找不到了;在家做作业时也是经常找不到课本,平常总是丢三落四的;我每次检查他作业的时候,总会发现错别字、这里多个字那里少个字的;考试的时候也是,明明会做的题目,但总是因为粗心而失分。我和老师都说过他很多次了,还是没用。要是这样下去,以后怎么办?"一位妈妈的困惑。

教育分析

粗心,似乎是很多家长和孩子都在面对的一个难以克服的"小问题"。翻开任何一个孩子的作业或者试卷,或多或少存在计算出错、审题不清,甚至漏做题等问题,只是轻重不同罢了。粗心问题其实是很多孩子,特别是低年级孩子比较普遍存在的问题,而且造成孩子粗心的原因也很复杂,父母不要过于着急,要分析原因,才能有针对性地进行引导。

14. 孩子粗心怎么办

孩子出现粗心的问题，首先是家长对粗心的误读导致的。大多数家长发现孩子粗心的行为，都会把它归结为不认真、太马虎、缺乏对学习的责任心，是主观不努力造成的。其实并不尽然，很多时候不是孩子不想好，而是能力没达到，也就是学习能力发展失衡所引起的。

另外，父母片面关注学习习惯，忽视日常生活中做事的条理性也会导致孩子的粗心。其实，学习上细心的习惯不是单一存在的，而是与生活习惯密不可分。做事丢三落四、缺乏条理、不能坚持到底的孩子，往往在学习上容易出现粗心的问题。孩子在做事的过程当中，可以学会自主，学会次序的安排，把握节奏，变得有条理，更重要的是有了心理体验。这样的心理体验多了，自然形成了一种习惯，而良好的生活习惯自然会迁移到学习当中。因此，家长千万别剥夺了孩子做事的权利和机会，养成良好的做事习惯对学习有促进作用，往往会使学习事半功倍。

再次，父母过度单调地重复，容易引起孩子的心理疲倦。思考一个问题：在孩子写错字的时候我们是怎么办的？过度单调地重复会引起孩子心理上的厌倦，从而让孩子失去学习的兴趣，破坏孩子的求知欲。

当然，孩子粗心的原因除了家长自身和家庭教养方式的原因外，还有孩子自身的原因，比如：

1. 注意力不集中。

2. 视知觉能力发展失衡。视觉是指眼睛看到的信息，视知觉是把眼睛看到的信息传递到大脑对看到的信息进行加工的能力。每个孩子的视知觉能力是不一样的，如果孩子的视知觉能力达不到同龄人水平，就容易出现粗心的问题。视知觉能力落后和粗心有着紧密的联系。

3. 知识点掌握不好造成认知不清，学习的时候就会表现为粗心。

4. 思维能力造成的审题不明。

因此要客观分析孩子出现问题的原因，对症下药。

> **教育策略**

首先，父母平时在和孩子互动的过程中，要多给孩子正面的激励。激励是对孩子思想行为的认可，在被肯定、被信任的状态中，孩子的主动性会被较好地调动起来，从而巩固自己的行为。随着一次次被巩固，孩子容易树立起自信，认为自己"行"，即使有时遇到困难，由于以前被认可、被肯定而巩固起来的自信，孩子就容易主动去试，这是一种很可贵的精神。如果我们能培养孩子的"主动精神"，那将是我们教育的极大成功，因为我们给予孩子的是面对任何问题的积极能力。

其次，父母也可以针对孩子的粗心采取一些训练措施，帮助孩子尽快纠正这一行为，以下方法可以帮助孩子。

1. 加强运动知觉的训练：跳绳、打球、平衡力等。

2. 手部精细动作：描图、搭积木、穿珠子、夹豆子、手工等。

3. 视知觉、视觉记忆训练：打牌、填词等。

4. 培养孩子良好的学习习惯。比如，合理利用草稿纸；给题目编号，合理地空间安排；不要过多地依赖橡皮，养成一次成稿的习惯；遇到不会做的题先放下，等全部做完后再认真思考；养成做事的条理性；养成做完作业自己检查的习惯。

> **总 结**

孩子粗心，父母着急、督促、惩罚是达不到预期的效果的。最智慧的方式就是要智慧地解读孩子的行为，找到行为背后的诱因。对孩子影响最大的是父母的态度、父母教养的方式以及父母对孩子的评价方式，培养孩子的王道是父母自身的不断成长。

15 孩子磨蹭怎么办

案例呈现

家长的反馈:"我家孩子做事总是磨磨蹭蹭,在家做作业拖拖拉拉,一会儿玩盒子,一会儿玩手指……1个小时能完成的功课,硬是被拖到晚上至少10点多钟才做完。在学校也是,课堂作业都不能完成,经常被老师留在办公室,上课还坐不住,总是动来动去。我天天催他说他还是没用,为他操碎了心,该怎么办?"

教育分析

孩子做作业磨蹭,对于天下家长而言,可谓"第一难题"。一些家长反映说,辅导孩子或者监督孩子做作业是这个世界上最苦、最累的活儿。有的家长说,那不是一般的累,那简直就是一场博弈、一场战争……

大多数的孩子是不会主动做作业的,吃完饭被家长吼着、叫着、唠叨着进了自己的小屋,清理文具要磨蹭几分钟,开灯倒水摆开架势还要磨蹭几分钟,一切准备就绪了,发呆还要好半天……好不容易开始写作业了,也不是专心致志，一会儿抠抠耳朵，一会儿玩玩手指头，一会儿铅笔断了，又要忙着去削铅笔。有些父母为了督促孩子别磨蹭，往往会拿个小板凳坐在孩子后面，像个"监工"，但是孩子大了之后，对家长这种监督不接受，做作业的时候要关着门，一些家长只好找各种借口去查看孩子的作业进展。比如说，端杯水进去，削个苹果进去，结果他们发现，孩子的耳朵都变成了兔子耳朵，是竖着长的，家长没进去之前，孩子可能在偷偷摸摸地玩儿，只要听到一丝响动，马上摆出一副专心写作业的姿势……可是不管怎么装，就是做作业的效率太低。千磨万磨，熬到晚上11点，看着孩子呵欠连天，想着孩子明天6点还要起床，再强势的家长也只能允许孩子快快脱衣睡觉了。翻开孩子的作业本一看："唉，又没做完！"这是一个日复一日，年复一年都在上演的了无新意的故事。

看似孩子都是磨蹭，但此磨蹭和彼磨蹭还是有区别的，一般孩子的磨蹭和拖延分为以下几类：

1. 天性特质，孩子本来就慢。建议给这类孩子一个合理的"节奏"刺激。孩子从3岁到7岁，其实一直在"长脑子"。所谓的长脑子就是在增加脑容量，增加刺激连接，让大脑皮层的面积不断增大，大脑皮层上的连接不断地增多。家长要利用更巧妙的办法，给孩子输入"短频率和快频率"的刺激。利用孩子爱游戏、爱比拼的特点给孩子速度训练，比如说，每天早晨起来的时候，我们都可以跟孩子说的是这样的一个语言信息："看我们谁穿衣服穿得最快，看我们谁先到达洗手间去刷牙，看我们……"如果孩子性格上不接受这一方式，父母就需要放下自己的节奏，给孩子更多的时间去改变，接受他的天性特质。

2. 日常生活中父母包办代替的太多，导致孩子没有责任心。有些细心的父母会发现，自己的孩子好像不仅仅是"拖延"，还有一种惰性在里面。这种行为在年龄稍大点的孩子身上尤其明显，表现为有大人看管着，速度会快点，没人看管就非常懒散。这与家长凡事包办代替的教养方式有很大关系。要改变孩子这一行为，家长需要区分清楚哪些是孩子自己可以承担的事，哪些是需要父母帮忙的事。比如，吃饭就一定是孩子自己的事情，父母该做的，是做饭，规定好吃饭的时间与地点，定好规矩后，其他交给孩子。

3. 没有兴趣导致的故意拖延和磨蹭。如果孩子对所做的事没有兴趣，不愿意参与，也会用故意磨蹭的行为来抵抗，家长需要调动积极性，提高他的兴趣点，才会改善这一行为。

4. 注意力不集中导致的行为磨蹭。针对这一类型，除了加强注意力的训练以外，家长还可以把一整段工作分为若干个小段来完成，不要求孩子一气呵成。

5. 逃避家长额外要求的故意行为。一个二年级的男孩子，妈妈说他特别磨蹭，1个小时的作业他需要3个小时还未必能做完。问这个男孩自己怎么看这一行为，他说："我做完作业，还要做妈妈留的作业，做完妈妈留的作业，还要复习和预习，傻子才那么快做完呢。"当孩子没有自主的时间时，磨蹭拖延的行为就成为他躲避的有力武器了。

教育策略

导致孩子磨蹭的原因不同，治疗的方案也一定不同。生活中家长做些什么，才可以帮助孩子更好地改善这一行为呢？

1. 给孩子管理自己时间的自由。如果想让孩子成为时间的主人，你就让他自己安排时间；如果想让孩子成为时间的奴隶，那你就一分一分地替孩子安排时间。明智的家长一定会做出聪明的选择。

2. 一分钟闯关：数学闯关、汉字书写闯关、单词闯关。目的是调动孩子的兴趣，要注意记录孩子的成绩并进行对比。

3. 态度转变：停止催促，坚持赞赏，关注孩子进步的地方，不提孩子做得不足的地方。

4. 孩子通过努力节约的时间由孩子自己支配。

5. 注重生活中的速度效率培养，可以多一些比赛性质的活动。

6. 训练停的行为，一件事在规定时间内没有完成也要立即喊停，让孩子自己承担后果。

总 结

改变孩子的磨蹭行为，父母要尝试着把管理作业进度和时间的权利还给孩子，把孩子应该承担的责任还给孩子，然后着重去帮助孩子建立好的作业习惯。

16 孩子迷恋电子产品怎么办

案例呈现

孩子8岁,很喜欢玩手机。当家长要求孩子交还手机时,孩子置之不理;当家长试图把手机拿走时,孩子会反抗;如果家长坚持拿走手机,孩子会大哭大闹,甚者会用伤害自己的方式来达到目的。上学期间还好,一旦假期或者休息日,孩子更是变着法地看手机、玩游戏。父母各种方式都用了,可是没什么效果,为此父母非常着急。

教育分析

现在的孩子,从出生开始就进入网络和科技产品的普及化时代。科技的发展给人的生活带来了便利,也给孩子的成长和家庭亲子相处带来了很大的挑战。尤其最近几年,随着智能手机的普及和多媒体教育的盛行,很多孩子过早接触了各种电子产品,名目众多的各种软件开始充斥孩子的生活。2016年,我国首份儿童安全研究报告数据显示:国内3—6岁的幼儿中,手机接触率已经高达91%;到了9—10岁,已经和成人使用频率相差不多。

手机，逐渐替代了父母的陪伴，我们的孩子，几乎成了手机的孩子。因玩手机酿成的悲剧，更是件件触目惊心。

2018年8月的一天，宁波妇儿医院的唐医生，一个夜班接待了2个让他心痛的孩子，一个是自残，一个是自杀。晚上10点多，一名14岁的男孩被爸爸紧急送到了医院，男孩左手腕被砍6刀，血流不止。医生以为孩子遇到了坏人，谁知一问竟然是自残！这名男孩叫小孟，喜欢用手机玩游戏，爸爸劝他不要玩，并责骂了他几句。小孟转身走进厨房，右手拿起菜刀，朝自己左手腕砍了下去，连砍6刀，刀刀见骨！小孟爸爸吓坏了，赶紧抢过菜刀，抱起孩子冲往医院，万幸没有伤及桡动脉，捡回了一条命。小孟的手术几乎忙了一个通宵。第二天一早，唐医生正准备下班休息，急诊又来了一个男孩，这次是跳楼自杀，原因竟然也是因为玩手机。这名男孩10岁，叫小童，早上跟姑姑在一起，他想玩手机，姑姑担心对眼睛不好，制止了他。一转身，小童打开窗口，就从六楼跳了下去。"一句话没说就跳下去了，我想拉都来不及呀！"小童的姑姑哭诉道。小童被送往医院时，双侧瞳孔散大，心率几乎为零，唐医生判断，孩子可能不行了。快速把孩子送进抢救室，坚持了1个多小时的心肺复苏，仍旧没有抢救过来。宣布孩子死亡时，小童的家人悲恸欲绝，几乎晕倒。

类似的事情越来越多，许多父母开始紧张害怕，甚至开始在家杜绝一切电子产品。但就像大禹治水一样，父母一味限制或者杜绝孩子使用电子产品，会影响孩子的发展，但绝对地不管、放任，又会给孩子的身体、学习带来很大的妨碍，这需要父母把握好度。

教育策略

在现在这个网络社会，完全地杜绝电子产品，只会让孩子对电子产品更加地向往。心理学研究显示，凡是禁止的都是被渴望的。未来孩子使用电子产品，利用电子产品为自己服务，可能会像吃饭喝水那样平常，所以父母需要的不是禁止，而是要训练孩子有节制地使用电子产品。

调查显示，对电子产品迷恋的孩子，一般都有如下特点。首先，孩子在生活中缺少和家人的亲密关系，学业没有成就感，自身的价值和个性没有被关注和欣赏。这样的孩子进入虚拟空间，一旦获得成就感或者价值认同，就会沉迷其中而不能自拔。其次，迷恋电子产品也是避免竞争的心态作祟。一些孩子天性脆弱，不喜欢竞争，不愿意被比较，但生活中又处处充满竞争和比较。为了逃避只能缩到电子类游戏或者网络中，用另一种身份来获得某种满足感。再次，孩子迷恋电子产品也是逃避压力的表现。当孩子在现实中压力过大，无法承受，又得不到及时缓解时，很容易迷恋电子产品，通过玩电子游戏等来缓解压力。

所以为了让孩子能很好地运用电子产品，给孩子制定一个合理的电子产品使用公约是个不错的方法，可以以此来训练孩子懂得节制。那么，怎么制定呢？

父母和孩子一起列出家里所有电子产品的用处，然后讨论和决定如何正确地使用它们。这些用处可能包括上网搜索食谱，做作业，订酒店或机票，选择餐馆、度假目的地，娱乐项目导航，购物或打游戏。也可以列出每天或每一周需要多少时间来使用这些电子产品。

明确各种电子产品使用的时间段和禁用时间段。比如，家里设立两个神圣时间，一是进餐时间，所有的手机要关机或调至震动，不带到餐桌上来。另一个时间段就是孩子睡觉前的一小时。父母可用这段家庭时间来与孩子一起玩游戏，讨论问题，或者一起阅读一本书，然后孩子们留出足够时间洗漱和准备上床睡觉。

明确电子产品的使用场所。建议在家里的公共空间使用，尽量避免让孩子在卧室或者餐厅使用。

明确电子产品的使用范围和限制条件，以及需要确定的其他内容。孩子的手机可以用来听音乐、看电影、打游戏吗？什么样的游戏允许玩？家长是否可以管理孩子电脑里的文件？这些问题都需要提前讨论，提前定好限制条件和范围，孩子才会觉得被尊重。隐私和安全问题方面，家长可以查阅孩子的上网历史吗？孩子需要告诉家长自己账号的密码吗？若有人违规，要承担什么后果？这个后果不一定要很严肃，也可以很好玩，比如做10个仰卧起坐，或者是隔天要扫地。

需要提醒父母的是，公约是大家定的，不要很死板地被一套规则绑定了，而是要灵活地使用它。问题的关键不是孩子违规后再道歉，而是在违规以前先跟家人打好招呼，提出破例的理由，并征得家长同意。公约一旦确立，每个人都需要遵守，父母需要带头遵守约定，并依据约定去承担相应的后果。

总 结

孩子迷恋电子产品，父母首先要明确，完全杜绝或者视电子产品为洪水猛兽是不可取的。其次，父母需要了解孩子为什么迷恋，找到原因才能对症下药。再次，为了预防孩子迷恋电子产品，制定合理的电子产品使用公约和父母的以身作则是非常有效的方法。

⑰ 孩子不愿意阅读怎么办

> **案例呈现**

朋友的女儿非常聪明,上小学三年级了。孩子喜欢唱歌、跳舞,而且弹钢琴、下棋也是比较精通,但唯独不爱读书。朋友对女儿的培养非常上心,她很早就意识到了阅读对孩子的重要性,所以给孩子买了一堆图书,摆满了一个大书架子,甚至在家里专门开出一个阅读空间,但是女儿似乎对这些根本不感兴趣,从来不去读书。为此,朋友很是发愁,每天把孩子关屋里,规定不看多少页书不许出去玩。结果适得其反,女儿在屋里玩就是不读书。

> **教育分析**

现代父母几乎人人都知道阅读的重要性,谁家的孩子爱看书,就会成为众多家长羡慕赞美的对象。看书的孩子比较乖,看书的孩子成绩好,看书的孩子成熟、聪明,不会变坏,也许是这样,也有很多专家从心理学、教育学等领域探讨阅读对孩子的益处。就像每首歌都有属于它的基本节奏一样，阅读，也是思维的基本节奏，是一种思维活动的基本模式，是思维学习的原始方式。而孩子良好的阅读习惯，主要来自于父母的影响力。

如果阅读成为父母自己生活的一部分，像刷牙、吃饭、睡觉一样自然而然，那么孩子跟着父母的生活节奏，就把拍子数到了自己的乐章里。现代父母都在乎孩子思维发展，总是竖起耳朵，注意别人家孩子在什么年龄学什么？做什么？于是阅读也被纳入学习计划里，视为学业的十全大补丸。认真的父母，还到处收集书单，只要孩子一放假，就催着孩子拿书补课。好书对孩子具有极大影响力，但父母们那种"这本书很好，孩子要好好读"的强制态度却会让孩子远离读书。

一个孩子如果不喜欢阅读，父母首先就要检查一下，自己是否为孩子创设了适合阅读的物理环境和人文环境。如果家里除了各种各样的电子产品，书很少或者种类很少，父母本人除了看手机以外，基本不看书，那么让孩子喜欢阅读也是不可能的。其次，如果人文环境和物理环境都具备了，还要看孩子的阅读力是否达标。

教育策略

让孩子喜欢阅读，有两点缺一不可，一是阅读习惯的养成，二是有一定的阅读力。

培养孩子的阅读习惯

喜欢阅读和习惯阅读是不同的。父母培养孩子阅读的习惯，除了买书、到图书馆借书、泡书店等方式以外，还需要培养孩子阅读的主动性，比如家里买了新的玩具或其他用品，让孩子自己读使用手册。平时带孩子去超市购物，让孩子自己阅读食物包装说明，自己看广告单、比较价钱和产品种类，出门旅游看地图，等等。这些都是阅读的脉搏，不断跳动在现实生活中，培养阅读的习惯，并不限于坐在那里读一本书。

年龄小的孩子的父母，帮助孩子把用眼睛阅读和用耳朵阅读的习惯都建立起来，就是培养孩子用眼看书、用耳听书的习惯。听书，是许多孩子的最大乐趣，让孩子自幼听书，培养孩子专注的听力，使他们在学习上尤其是在课堂上，成为非常专心的学生。

让孩子学会选书，进而体会美的滋味。每个孩子都有他们偏好的书籍，当孩子还小的时候，尽量让他们尝试不同类型的书籍。稍大后，通常会进入一段时期，固执于自己偏好的类型，排斥其他类型。这时候，父母不需要因为听到许多非读不可的好书，就担心孩子阅读范围狭窄，甚至逼迫孩子只能读书单上的书籍。其实这段时期是孩子阅读习惯的固定期，每种类型的书，都有好书可以选择，只要父母花点心思，帮助孩子选取他们偏好类型的精华，让阅读习惯在生活中成为愉悦的节奏，渐渐地，孩子阅读范围会逐渐拓宽。

提高孩子的阅读力

孩子阅读力的提高一般会经过这样几个过程：听读（0—9岁），分享读（9—12岁），独立阅读（12—15岁），享受阅读并形成习惯（15岁以上）。当然也会有个体差异存在，家长可以独立思辨。提高孩子的阅读力，还需要注意以下事项：

· 父母情绪不好，或者孩子情绪不好的时候，不读书。

· 选择图书不要过于类型单一和内容简单。

· 音频不能代替书籍。

- 阅读过程中，不要总"考"孩子，反复问孩子有没有理解或记得书里的某一点。
- 3岁以前最好不要指读（指着字给孩子念书）。
- 当孩子反复要求听同一个故事的时候，不要觉得烦。
- 摆在书架上售卖的图书，最好别给它们的内容非分出个优劣来。
- 别太依赖"专家"，更别太看重分龄书目。

培养孩子阅读力的过程中，父母还可以通过设计一些阅读活动，来激发孩子的阅读兴趣。比如：绘制孩子最喜欢的一本书的封面；偶尔来一次烛光下的读书；让孩子从书中抄一段喜欢的话，寄给一个朋友；分享或者表演故事。

对于学龄期的孩子，可以培养一些阅读技能。比如，大声朗读法：让孩子每天出声朗读10分钟，每天的内容要不一样，父母可以和孩子一起读，强调读书的声音和语气、语调以及投入度；默读法：当孩子需要获取大量信息时可用此方法，也可以当作孩子每天的阅读训练；跳读法：此方法适用于训练孩子的阅读理解能力。

总 结

孩子阅读习惯和阅读力的培养与提高，需要父母从兴趣、环境、方法、习惯等几个方面入手；在训练和培养的过程中，还需要父母有一颗等待的心；此外，任何方法都代替不了父母好的行为和示范。

18 孩子不好好写作业怎么办

案例呈现

小华是个惹人喜爱的孩子,头脑灵活,热爱阅读,学习成绩也位居班上的前几名。但令父母担心的是,孩子的作业习惯不太好。首先是写作业不主动,总是父母催三催四甚至是威胁了才去做。其次,做作业过程中也比较磨蹭,按他的水平半小时能完成的作业,他得花一小时。再次,写完作业一落笔就关上作业本,从来都没有认真检查作业,没有查漏补缺的习惯,所以作业总是有些小错误。考试时当然也会因此失掉不该丢的分。父母很担心,长此以往,会影响孩子的前途。

教育分析

案例中的小华是很典型的没有养成良好的作业习惯的孩子。对一个孩子来说,从他成为一名学生开始,做作业就成为学习的一个重要组成部分。是否养成良好的作业习惯,就成为决定孩子学习成绩是否优秀的一个重要因素。孩子之所以出现各种各样的作业问题,一定有他的原因,那么有哪些原因会导致孩子不愿意做作业，也没有好的学习习惯呢？

作业中很多地方不会做；学习环境不好，有干扰因素；做作业过程中分心，惦记着别的事；对所学的科目缺乏兴趣；对家长有意见，反感；缺乏好的学习习惯，不能较长时间地安定地学习；对老师有意见，反感；身体健康状况不佳；自身缺乏学习动机，不爱学习等，这些原因都会导致一个孩子不爱写作业、不喜欢写作业。针对这么多的原因，父母们需要有的放矢地解决，最重要的是要帮助孩子养成做作业的好习惯。

教育策略

良好作业习惯的养成，需要做以下工作：

首先，做作业前要做好身体和物资准备。先要喝完水、削好笔、上完厕所等；然后要有"三问"：今天有什么作业？你觉得最难的作业是什么，为什么觉得难，你打算怎样解决这个难点？今天计划先从哪一科开始做，为什么？这三问是让孩子做好计划，以防备拖延。

其次，孩子一旦开始写作业，家长需要闭嘴。家长可以看书，亦可以离开，告诉孩子如果有需要可以叫，切忌监督式看管写作业，一会儿说孩子写得不好，一会儿说写错了，避免干扰孩子的注意力。

最后，孩子做完作业后要帮助孩子学会自我检查。如果孩子作业中有错误，父母不要直接指出来，而是要告诉他作业有错误，需要检查。如果孩子实在找不到，家长可以给划个范围，但不要直接指出错误点。

父母在一开始训练孩子写作业时，也可以给孩子制定个表格，每次做作业就依据表格来划勾，坚持下去，一定会帮助孩子养成好的作业习惯的。

当然让孩子做作业高效还需要注意以下几点：做作业的时间不宜过长，

尤其是小学孩子，依据作业量可以每做完一项作业，休息一会儿，以免过度疲劳导致效率低下。检查孩子的作业要善于放大孩子的优点，比如写得干净、写得快速等。做作业之前先让孩子玩一会儿，不要一放学回家就写作业，尤其对于体觉型学习的孩子，更要重视玩的时间。可以先让孩子在注意力集中的时刻先做相对较难的作业，以免时间的延长。平时父母不要在孩子面前评判老师，更不要说老师的作业太多等，以免引起孩子的情感反抗。

孩子的作业不是一天两天的事，是长年累月的事。心急吃不了热豆腐，父母一心急，孩子做作业就无所适从。写字写慢了父母要埋怨，做错了又要挨批评。孩子写作业写得又好又快正确率又高，这样的习惯不是一天两天就能培养起来的。我们做父母的应该有打长久战的心理准备，耐心教导孩子，先让孩子写好、写正确了再讲究速度。

总 结

让孩子有好的作业习惯，父母需要一开始就认真对待，不要等发现问题才开始训练，而要在孩子第一次做作业时就开始进行训练。好的作业习惯会对孩子的学习起到事半功倍的效果。

19 孩子管理不好情绪怎么办

案例呈现

有家长说:"我儿子8岁了,个性太强,脾气暴躁。如果你不满足他,他就哭闹,偶尔还打人,怎么说都不听。这让我很抓狂,有时候忍不住就打他几下。"

教育分析

研究显示,情绪是孩子最好的表达方式。情绪是一把双刃剑,管理得当会成就孩子,管理不当也会吞噬孩子。案例中家长说每次自己都很抓狂,要知道"抓狂"说明父母自己的情绪已经不好了。我们希望孩子听话、温顺,但是孩子没有让我们满意,于是,我们愤怒了,试想孩子有没有这样的权利?孩子遭遇让他不满意的事情时,为什么就不能愤怒?既然我们也控制不住自己的脾气、忍不住想"打"他,为什么孩子就应该控制住想"打"我们?孩子发脾气,一定是有原因的。"以暴制暴"解决不了问题,只会激化矛盾。这里的"暴",可以是语言暴力、行为暴力,甚至表情暴力。孩子是一个"人"，是人，就会有各种各样的情绪，包括正面的喜悦、快乐、幸福、自信、轻松等，也包括负面的焦虑、紧张、愤怒、沮丧、悲伤、痛苦等。

教育策略

训练孩子的情绪管理能力，首先父母必须意识到孩子有任何情绪都是正常的，情绪没有好坏之分，任何情绪父母都要接受而不是论断和辨别。有一句话，我相信大家都听过："如果发生紧急事件，请家长先把自己的氧气面罩戴好，再帮孩子戴上。"没错儿，这是乘坐飞机时的提醒标语，也是最简单的情绪训练的前提。面对情绪问题时，父母唯有先把自己的情绪调整好，才能帮助孩子调整情绪。

其次，接受孩子的情绪。所谓接受，就是不加指责地承认情感的真实性，不加指责地承认任何人都有产生和表达这种情感的权利。所以，要让孩子明白，即便是生气、伤心、急躁这些负面情绪，也是正常的，可以理解，这本身不是一件"错"事。情商高就是我承认我不高兴、我不满意，我接受自己的精神状态，但是我不会让这种情绪控制我的生活，我会解决问题的。情绪很多时候是一个信号，可以帮助我们了解孩子的内心。积极情绪是他高兴、他满意，负面情绪是他不满、他失落，通过这个信号我们可以发现孩子的需求和想法。比如，你帮孩子穿衣服时他反抗大哭，因为他想自己穿，他闹独立；比如，你把玩具给其他小朋友时他尖叫，因为玩具是他个人私有的；比如，老师批评了他两句之后他不愿意再去上学，因为他不能承受批评。情绪本身没有错，情绪背后的原因，有对有错，值得深思。所以，首先接纳孩子的情绪，了解孩子产生情绪的原因，才能进一步帮助孩子成长。面对情绪时，家长可以说："你看起来很伤心（生气或烦恼……），我们尊重你，理解你，并完全接受现在这个有情绪的你！"

再次，教孩子认识情绪。年龄小的孩子，父母可以准备一些情绪图卡或者表情脸谱，让孩子认识各种情绪；或者玩角色游戏、编故事，家长和孩子一起表演各种情绪。目的是帮助孩子明白自己的感觉是什么？什么情况下会出现这种感觉，以便孩子能够更好地表达自己。

还要教孩子学会表达自己的情绪。伤心是一种什么感觉？伤心的时候你最想干什么？做什么事情你就不会再伤心了呢？你为什么生气了？你怎么样才能舒服一点？用这样细微的询问一方面帮助情绪中的孩子平稳下来，另一方面也让孩子能用更加形象和明确的词语准确表达出自己的情绪状态。

最后，让孩子学会洞察他人的情绪。看看那位叔叔怎么了？他为什么发火？旁边的同学为什么哭了？你该怎么帮助他呢？你觉得他正处于什么感受中呢？妈妈今天不高兴，因为你把饭全撒在地上了，你现在应该怎么做……通过对他人情绪的观察和分析，帮助孩子更好地理解情绪没有错，每个人都会有情绪，不用自责。

父母必须知道，当孩子出现负面情绪时也是父母最应该接纳他的时候。面对孩子的负面情绪，父母首先要保证自己不被传染，然后可以通过以下方式帮助孩子：

首先，拥抱孩子并轻轻拍抚他，让孩子有"安全感"和被爱的感觉，同时这样的肢体接触也会让孩子情绪平稳下来。其次，认真倾听，用心倾听，允许孩子自由地表达情绪，尽力读懂孩子的情绪。告诉孩子他所处的状态是什么，先处理情绪，后处理事情，不急于下判断。最后，与孩子一起讨论解决问题的方法，鼓励和引导他自己想办法，把孩子提出的解决办法都记下来。尽量鼓励孩子多想办法，先不对孩子提出的办法

19. 孩子管理不好情绪怎么办

进行评论,只管记下来,然后再和孩子一起分析这些办法的利弊,最后确定几项切实可行的办法,鼓励孩子去实施,并表示自己可以随时提供帮助。

那么孩子有负面情绪时,家长不应该做什么呢?

(1)不要嘲笑。比如,你怎么垂头丧气的,哪像一个男子汉?有啥好怕的?

(2)不要给情绪贴标签。比如,真是爱哭鬼,太讨人厌了,狗都嫌!

(3)不要讲大道理。比如,我不是跟你说过很多遍了嘛,玩具要跟小朋友分享。

(4)不要"以暴制暴",不要恐吓,造成恶性循环。比如,你还吵,想挨打是不是?

(5)不要让孩子利用情绪威胁你,不要当孩子情绪的"奴隶"。比如,别哭了,不哭妈妈就带你去吃麦当劳。

父母做哪些事情可以帮助孩子释放负面情绪?

(1)保持安静,让孩子和"情绪"待一会儿,哭就哭一阵。

(2)找一些可以帮助孩子发泄情绪的安全的工具,比如枕头、软陶、橡皮鸭等。

(3)画画、涂鸦,尽情地把心中的不满都画出来。

(4)唱歌,随便什么词什么曲,尽情唱吧。

(5)体育锻炼,去打球,去跑步,全身舒展,打通经脉。

(6)户外活动,开阔心境,放松情绪。

(7)在家里布置一个"安静角",有情绪时就去那里。

(8)如果孩子年龄大一些,可以用写日记的方式整理情绪。

(9)倾诉,让孩子学会倾诉,跟同学、朋友,当然父母也是倾诉对象。

> 总 结

孩子有情绪是正常的,情绪没有好坏之分,但情绪下的行为有好坏。父母在训练孩子情绪管理能力的时候,要制定情绪管理的规则,告诉孩子可以有任何情绪,但有情绪的时候不可以做什么,比如可以生气不可以砸东西,可以愤怒不可以伤人,可以委屈不可以骂人等,目的是让孩子明白,情绪可以被接纳,但情绪下的不当行为需要纠正。

⑳ 孩子交不到朋友怎么办

案例呈现

丽丽，女孩，9岁了，聪明伶俐，学习也不错，心地善良，但让父母焦虑的是，这个孩子没有好朋友，也就是人缘不太好，孩子也很焦虑，却不知道该怎么办。

教育分析

人是一种社会化动物，人际交往与合作能力是评价一个人的重要因素，能力再强的人，也脱离不了社会、集体而单独行动。人际交往能力对孩子的发展十分重要，合群的孩子可以交到很多的朋友，人缘好，性格也会大好，长大后，孩子们的情商也会高。有些孩子十分适应群体活动，和小伙伴们打成一片，从中收获友谊和快乐，各项能力都能得到发展。可是有些孩子就会表现得十分不合群，别的孩子拒绝和他玩，他也拒绝与别人交流，常常处于孤独的状态。

孩子在成长过程中，总是希望在自己孤单的时候听到一声问候，在受伤的时候听到一句关怀,在喜悦的时候听到一句祝福,家长也希望孩子有温暖相伴。交朋友看似一件自然而然的小事,其实也是需要学习的。

孩子人际关系的好坏可能决定了孩子未来的成就,什么样的孩子更能够在时代的大潮中脱颖而出?有人说是会玩的孩子,也有人说是兴趣广泛的孩子,还有人说是朋友众多的孩子。在孩子未来的工作和生活中,无论科学技术如何发展,人与人之间的交流,都是未来必需的一种能力。孩子人际关系的好坏,往往取决于这个孩子社交能力的高低。社交能力包含了以下几方面:

情绪识别和控制能力,就是时刻清楚自己处于什么样的情绪状态,是生气还是沮丧、兴奋,是挫败、高兴还是伤心。很多孩子不知道自己当下处于什么样的状态,属于什么样的情绪感受。

理解他人感受的能力,就是懂得自己也懂得他人。有的孩子能敏锐地察觉其他人是需要安静还是需要谈心,但有些孩子无法体会和判断他人的情绪,比如在别人希望安静的时候却不断地去打扰,用自以为是的方式来和另一个人交流。

表达能力,就是孩子能通过语言或者文字把自己的判断和感受说出来。比如有的孩子会对身体不舒服的人说,你是不是难受啊,你怎么了?这样的孩子对他人的感受就比较敏感,可以同其他人进行良好的互动,所以表达能力也是孩子社交能力中很重要的一个部分。

环境应变能力,就是在不同的环境里孩子是否能够快速自我调整,融入其中。应变能力不足,人际交往就会弱一些,朋友也会少一些。

影响孩子社交能力的因素分为两类:

先天因素,孩子的出生方式、神经的发育程度以及孩子天生的特质都能影响孩子的社交能力。外向的孩子朋友数量可能会比内向的孩子多,但内向的孩子朋友质量可能比较高,所以天生的气质也会影响孩子人际关系的好坏。

后天教育方式,就是父母对孩子的教养方式。比如家长过于以孩子为中心,长此以往,孩子就会以为世界上所有的人都应该为自己让步,表现出自私的品质。如果对孩子管得特别严,处处都替孩子做主,孩子又会觉得自己什么都不行,可能会自卑。这些都会影响孩子的社交能力。

一个孩子社交能力的强弱、人际关系的好坏,都是我们眼睛能够看到的,好像都是外在的行为和表现,但是这些行为和表现的背后却有如此复杂的原因,还需要爸爸妈妈靠学习、凭智慧去帮助孩子。

什么样的孩子人际交往弱?

自我否定的孩子。不喜欢参加集体活动,或者自认为在某一方面自己比同伴弱,经常把我不行、我不会、我不擅长挂在嘴边,当孩子这样不断自我否定的时候,就会表现出怯懦和缺乏勇气。

以自我为中心的孩子。独生子女或者对孩子过分宠爱的家庭,孩子在成长过程中要风得风、要雨得雨,根本不理解这个世界需要规则。孩子无法体会他人的心情,总是希望别人听从自己,这样的孩子也很难交到朋友。

不懂拒绝的孩子,就是常说的"老好人",不懂得拒绝,自己没有界限。这类孩子看起来好像大家都挺喜欢和他玩,但是也会让人觉得无趣,让人觉得什么都不懂、什么都不会,这类孩子也是很容易在人际交往中受伤的孩子。

情绪暴躁的孩子。情绪不平稳的孩子在人际交往中是偏弱的,因为孩子自身的情绪管理、情绪识别出现了问题。

教育策略

孩子的健康成长离不开伙伴关系，拥有良好的人际关系是确保孩子心灵健康的一个重要因素，父母做些什么可以帮助孩子建立良好的人际关系呢？

1. 让孩子学会与人沟通。在生活中，要鼓励孩子说出他的想法、表达出他的感受。这样，当他想玩其他人的玩具时，他就可以较容易地表达"可不可以让我玩玩你的玩具？"而不是粗暴地把玩具从别人手中夺过来。如果孩子学会了沟通，尽量用平静的语气与人交流想法，就会使他赢得更多的朋友。

2. 培养孩子的爱好。有一位母亲曾经这样对孩子说："如果你不会游泳，别人就不会邀请你到游泳池去玩。"这位母亲说得很有道理。如果孩子有某方面的特长，就可以结交更多的朋友。友谊是以共同爱好为基础的，如果孩子的朋友不多，可以帮助他以某种爱好赢得更多的朋友。

3. 让孩子养成礼貌、整洁的好习惯。要注意让孩子在外出或者是吃饭的时候养成礼貌、整洁的好习惯，这样他才能更容易地被别人接纳。如果一个孩子穿着肮脏的衣服，这可能是他父母的责任，不是他的过错，但是这会极大地影响孩子和别人的交往。所以，父母一定不要忽略了对孩子仪容仪表的要求。

4. 让孩子学会友善地对待别人。在日常的生活中，有些动作是很有攻击性的，比如叫喊、皱眉以及紧握拳头等，但是有些动作却可以让人卸下防备，比如微笑、拥抱、赞赏等。当然你不能强迫孩子摆出一副看上去快乐的面孔，但你可以跟他讲清楚，如果他总是愁眉苦脸的话，其他小朋友将会不愿意和他一起玩。

5. 让孩子学会赞赏别人。告诉孩子，当别的小朋友做了好事的时候，要由衷地赞赏别人。不仅可以通过语言，还可以通过拥抱、牵手之类的友好举动表达你对小伙伴的好感。如果一个孩子能经常地以积极态度来对待别人，他就能获得社会的接受。

6. 让孩子学会分享。不懂分享的孩子在生活和游戏中很难找到合适的伙伴。父母应首先在日常的生活中做出榜样，并创造机会让孩子尝试一下，同时对孩子的日常行为要给予积极的引导。比如，当孩子和一个小朋友为了某个玩具发生争吵时，你可以启发他自己想办法解决矛盾，要么两人一起玩，要么两个人轮流玩，但是一定要和小朋友友好相处。

7. 培养孩子的耐心。如果是其他小朋友成为大家关注的焦点时，或者当孩子自己喜欢的东西还不能立刻拥有时，孩子应耐心等待，不要在此时此刻比高低、争输赢。父母可帮助他逐渐理解社会生活中的秩序，学会依次序办事。

8. 要让孩子学会遵守规则。当家长和孩子一起在家中做游戏的时候，要给孩子讲清楚游戏的规则，以及大家为什么要遵守。在执行的时候要尽量严格，不能因为迁就孩子而破坏规则。如果孩子仅仅是为了多次取胜而多次破坏规则，这时家长要停止游戏，不能纵容孩子，滋长孩子的优越感。一旦孩子养成了遵守规则的好习惯，在和别人交往的时候，他也就容易用普遍的行为准则要求自己，会更容易交到朋友。

总 结

交朋友看似小事但却关乎孩子的一生，父母除了要对孩子进行一些必要的社交能力的训练以外，更加要注重自身的行为模式对孩子的影响。社交技巧重要，但一个善良的、能设身处地为他人着想的、阳光快乐的品行更重要。

㉑ 孩子进入青春期怎么办

> 案例呈现

一些父母反馈，孩子最近特别逆反，突然感觉孩子不是自己的了，有时候看到孩子看自己的眼神，就像陌生人一样，孩子浑身长满了刺，往日的亲子同乐现象基本没有了。父母很疑惑，孩子是不是进入青春期了，父母该怎么面对这些变化？

> 教育分析

随着教育信息的透明化和父母探究学习的热情，关于青春期的话题开始成为很多家庭的关注热点。父母们都很困惑，也有共同的感慨：孩子青春期，父母不好过呀。那么青春期到底是怎么回事？父母该怎样应对孩子的青春期呢？

一、需要明确什么是青春期？青春期出现的社会背景是什么？

青春期是指由儿童逐渐发育成为成年人的过渡时期，是人体迅速生长发育的关键时期，也是继婴儿期后，人生第二个生长发育的高峰期。一般来说，女孩子的青春期比男孩子早，大约从 9.5 岁开始，而男孩子则从 11.5 岁才开始。不过，由于个体差异很大，所以，通常把 10 岁至 20 岁这段时间统称为青春期。

"青少年"这个称谓大约在第二次世界大战时期才开始普遍使用。由最先出现青少年文化至今，其背后的大前提都是"追求独立和确立自我身份"。青少年在积极寻找身份的同时，亦努力争取脱离父母而独立。在农耕经济时代，10 多岁就帮助家人在田间劳作，直至成家立业，父母把耕地分给他。那时的青少年无须寻找什么自我身份，他只要长大到有足够的能力在田间劳作，便自然拥有农夫的身份。那时的青少年若还未结婚，便不会期望独立，即使结了婚，除非父母在经济方面给予足够的支持，亦难以真正的独立。工业经济时代的到来，使身份有了更多的选择，比如手艺人、工人、补鞋匠等，于是青少年文化开始出现。到了现代社会，青少年文化以及教育开始进入家庭。叛逆、不听话、破茧期、早恋、辍学等代表青春期的评价开始出现，父母如何和家中的青少年子女相处开始成为被关注的焦点。

二、需要明确现代青少年面临着怎样的挑战？

现代社会科技高速发展，互联网成了通往世界的大道，科技产品让青少年接触全世界，也让全世界接触我们家中的青少年。

社会上暴力行为的增加，导致青少年的美好年华不能平安度过。据中国青少年研究中心调查显示，每年的青少年因打架斗殴而入狱的比例呈直线上升趋势，青少年自杀的现象也是逐年增加。

核心家庭和社区关系的破碎导致孩子缺乏情感依托。据社会学家调查，现代社会离婚比率逐渐增高，而在现代社会的压力下，很多离异家庭就把孩子托付给老人或者机构代为看顾，导致很多青少年在最需要父母的时候，缺乏看管和温暖，孩子由此产生被抛弃的心理感受，有些孩子就会破罐子破摔，还有些孩子甚至会产生反社会人格，进而影响到孩子整个的价值体系形成。

最后，性价值观的扭曲和道德真空也在侵蚀着青少年的身心健康。很多青少年在童年时期，缺乏和父母的良好亲子关系，没有得到很好的性教育观念和性教育引导，错误地以为爱就是发生关系，错读了真爱的意义，进而导致了很多错误的行为。

青少年不仅面对着社会的压力和挑战，同时也面临着自身的身心发展变化，所以现代青少年更加需要理解和帮助。

三、了解青春期孩子的身心特点

青春期孩子的身体特点：手和脚以不合比例的速度生长，制造了看似"笨手笨脚的青少年"，父母会发现孩子这段时间发育得会很快，长高的速度以及饮食都发生很大的变化，有时这样的发展会令孩子们尴尬；同时第二性征开始发育，男孩子阴茎变长、出现遗精、变声等，女生的乳房开始发育，出现腋毛等。这样的身体变化使他们又喜又忧，同时这样的变化也会让他们有了和成人一样的生理需求。

青春期孩子的智力发育特点：变得非常好辩，喜欢辩论，有时是无理也要辩三分，喜欢狡辩，喜欢抓父母话中的漏洞。大脑里开始建立一套新的思维方法，开始从抽象概念，比如诚实、义气和公平来思考事情。思考事情会怎样改变，没有战争的世界会怎样，明事理的父母会怎样对待自己的子女，等等。有逻辑思考的能力，且明白不同观点所得出的合理结果，认为自己比父母聪明，在某些方面确实如此，喜欢听取朋友的意见，喜欢花时间跟朋友在一起，同时也开始思考性和未来生活的问题。

青春期孩子的心理发育特点：情绪波动大；人际交往开始由家庭向外游离；感情表达分明，无法妥协和容纳不同意见的人与事，易受伤害；思维敏捷，勇于挑战。概括起来就是心理发育处于极端的矛盾纠结时期，具体表现是心理上的成人感与半成熟现状之间的矛盾；心理断乳与精神依赖之间的矛盾；心理闭锁性与开放性之间的矛盾；成就感与挫折感的交替。

青春期孩子身心发育的特点告诉我们，孩子处于青春期，他自身的感受并不像他们表现出来的一样，他们生活得并不轻松，甚至他们活得很拧巴。生理上的需求无法获得满足，心理上的需求又不被接纳和理解。如果说一个人要健康地生活着，那么各种激素分泌得要平衡。但对于青少年来说，有些激素分泌得极不平衡，所以他们处于内分泌失调的状态，需要父母的包容和智慧地对待。

四、如何判断孩子是否进入青春期？

父母除了从孩子的身体发育来判断孩子是否进入青春期以外，还可以通过以下行为来判断自己的孩子是否进入青春期的状态：

1. 变得好辩论。比如，如果父母说："你怎么总是不洗手就吃饭呀？"他会反驳说："我什么时候'总是'了，我不就是这一次吗？"也就是说在和孩子交流的时候，孩子总是抠字眼，总是狡辩，而且态度不太友好。

2. 开始与父母反对的朋友交往，不愿意父母评价自己的朋友。如果父母明确规定他不许和某一个同伴交往，那会让他极不舒服，而且结果往往是他会和那个人成为最好的朋友。

3. 生气时会采用咒骂或使用无礼的语言。父母会发现，那个乖顺的孩子经常对自己不喜欢的人或事采取诅咒和咒骂的形式，说粗俗的话，甚至于喜欢动手解决问题，尤其是男孩子表现得更为明显。

4.脸上常常出现愤怒或者不屑一顾的情态。有些孩子经常把自己摆在很酷的状态下，一副天下唯我独尊或者你们都是弱智的表情，好像全天下就他最好、最优秀，甚至有些孩子还会通过穿个性的服装、染个性的发色、说与众不同的语言来表示自己的与众不同。

5.对任何事都不愿意讨论，内心渴望自己被重视，但是表面上却偏偏要显出不屑一顾的样子，不能很好地表达自己的意见，喜欢哗众取宠。

6.对父母的身体碰触比较反感，不像小时候那样喜欢拥抱和亲近的表达方式。如果父母表达亲密，无论是语言上还是动作上，他都会选择逃避甚至会特别反感，更喜欢躲在一个人的空间里。

7.常对父母视若无睹，不看重父母的劝告，有意识地与父母保持距离，不仅仅是身体上的距离，更重要的是心理上的距离。对朋友的需求大于对父母的需求，同样的建议朋友说出来会比父母说出来有效。而且还会对父母进行评价和批评。

以上这些行为，孩子出现三种或以上都意味着孩子开始进入青春期阶段。这个阶段父母会面临以下困难：

与孩子的沟通似乎越来越困难。孩子过分地敏感和反叛倾向日益增强，他们标新立异、处处显示自我，却也将一些秘密悄悄隐藏，他们在变得越来越不依赖父母的同时也越来越不信任父母。善意的表扬被认为是侮辱和攻击，苦口婆心的劝说被当成耳边风，严厉的批评被沉默的对抗粉碎，而强行压制则适得其反，父母的种种策略在孩子身上似乎统统失效。气恼、焦虑、心疼，却也爱莫能助——隔膜和屏障不知不觉产生，对自己眼看着长大的孩子，父母会产生从未有过的陌生感和失落感，随之，层出不穷的问题、危机、矛盾甚至是冲突火山般不定期喷发。所以父母在教养孩子的过程中开始面临最大的身心的挑战。

五、青春期孩子常见的问题分析

1. 叛逆

很多家长面对孩子的青春期，最头疼的问题就是叛逆。其实孩子在青春期叛逆的本质，是想要独立，而证明自己独立的最好方式，就是让自己变得大胆，去尝试一些新奇的想法。人生最有创造力、进步最快的时期，就是青春期。也就是说，不断犯错，就是青春期的孩子学习的一种方式。可是对于成年人来说，学习的最好方式，却是回顾自己的人生经验，所以成年人往往比孩子更害怕犯错。但如果这个时候，成年人强制孩子用自己的那套不犯错的理论去学习，那孩子怎么能不叛逆呢？所以，青春期的叛逆，其实不是我们的孩子不听话，而是很多家长根本就没有理解，孩子的学习方式和成年人其实是不一样的。

从脑发育的角度来看，青春期的大脑不是"缺根弦"就是"短了路"。人的一生中，大脑都在不停发生变化，年复一年经历着生长、发育，以及定型、萎缩的过程。但神经科学家发现：青春期阶段的人类大脑，会经历一系列重大又奇妙的发育过程。这种大脑变化，是人类特有的必经阶段。也就是说，每个人都会经历一段"小恶魔"的青春期，而在这个阶段的种种看似不讲理、不懂事的行为举止，恰恰是人类发展的自然规律，无法避免、不可控制，只能耐心等待发育过程结束。

青春期孩子的叛逆有时候是孩子向父母传达的一个信息，那就是"我长大了，请尊重我"。父母需要满足他这种渴望被认同的心理需求，多给孩子提供参与决定和选择的机会，最重要的是学会倾听孩子的心声，有时在倾听的时候需要忽略掉孩子的态度。被爱、被尊重是青春期孩子最大的心理需求，当孩子渴望独立、渴望尊重被满足的时候，面对父母的管教行为，他的叛逆才会减少。

2. 早恋

在这里，父母需要分清楚孩子的行为是"早恋"还是"早练"？研究显示，更多的情况下，青少年男女的交往是在"早练"，即提前做的练习。这样的好处是什么呢？首先，愉悦身心，增进健康，孩子的身体已经成长到成人的阶段，对异性产生渴望交往的需求是最正常不过的，也是生理发育的必然结果。其次，为今后的恋爱择偶做准备。再次，恰当的异性交往可以帮助孩子消除不良情绪，维护心理健康。

父母需要知道，一个人不是要等到考试再读书，而是先读书再考试，考前的练习少不了。那么，孩子今后恋爱、择偶、结婚、做父母，等等，这类人生的重大考试，难道无须先读书、多做练习吗？如今学校不开这类课，全让孩子们摸着石头过河，而孩子们主动求索友情和爱情，自觉练习男女交往，不仅得不到正确的指导，反而受到父母和老师的阻挠。结果，本来是光明正大的交友练习和岗前培训却成了"地下活动"，那些坏事、丑事、伤心事不正是在"地下"发生的吗？亲爱的家长们，当你们发现孩子开始交上异性朋友，就算关系有点亲密吧，也千万不要如临大敌，只需平静地表个态："孩子，你开始练习一道人生难题，太好了。但是既然是练习，就可能要反复地做，正确答案未必能很快找到。毕竟不是考试交考卷，不必那么肯定，那么紧张。多做练习会使你发现和纠正错误，掌握确切的知识。只要你不急于把练习本当答卷交出去。我相信你在未来的人生考试中一定是最棒的。"亲爱的家长们，你们期待孩子的，想必不仅是事业有成，一定还有婚姻美满，家庭幸福吧，那么从现在开始帮助他们好好练习，认真准备。

如今孩子们所谓的"初恋"，好似蓝天上的白云，美丽而脆弱，微风吹过就飘散了；好似阳春白雪般洁白，在朝阳下"红装素裹，分外妖娆"，但正午的骄阳照射后，春雪就无声无息地融化成水流走了。这就是为什么少男少女的恋情来得容易去得快，你只需劝孩子们不必那么当真地发誓"永远"，还是听其自然，春天就忙春天的事，哪粒种子会开花结果，要等待秋天……

如果父母发现孩子已经开始"早恋"的行为，恰当的引导和帮助就比如临大敌多方围追堵截有效，因为那样的方式只会让他们的行为发展为真正的"早恋"。这时候父母不妨给孩子提供适当的机会，让他们在阳光下跳舞，而不要去地下躲避。同时父母需要给孩子做好性教育。

3. 青春期其他行为

（1）为什么孩子突然那么自我？

青春期阶段，大脑前额叶中段的活动在减少之中，导致青春期孩子并不能像成年人那样，时时处处为他人考虑。当青春期孩子开始追求独立，希望脱离父母控制，为自己做主，正好说明他们大脑中的社会认知有了很大发展，家长其实并不应该为此担心，只需耐心等待发育过程结束，他们自然会变得通情达理起来。

（2）为什么青春期孩子容易抑郁和自杀？

青春期孩子的大脑可塑性强，而且对外界的刺激很敏感。有压力的环境下，孩子大脑产生的突触，和没有压力环境下产生的突触是不一样的。如果长期在高度压力的环境下，那么他们大脑中抵御抑郁情绪的突触会减弱。青春期的孩子更需要安定的生活环境，来发育出健全的前额叶和强壮有力的大脑突触。这样才能确保未来遇到失败和挫折时，能够有强大的精神世界让自己恢复过来。

（3）为什么一进入青春期，孩子就晚上不睡、白天不醒？

这是因为荷尔蒙中有一种元素叫作褪黑素，这种元素掌控人的生物钟，提醒我们什么时候该睡觉。而青春期孩子的褪黑素，比成年人的分泌要晚两小时。到了早上，褪黑素依然在体内活跃，所以该早起上学的时间，恰是他们睡意正浓的时候。那么，怎样充分利用青春期阶段越来越少的睡眠时间呢？哈佛医学院的一项研究发现，睡觉时记忆的强化过程，发生在一个重要时间点：晚间的第一次深度睡眠。所以，如果在做完功课复习后就立即睡觉，睡眠的过程中就会加强大脑的短期记忆，让孩子在第二天早起时将昨晚的内容记得更加清楚。还有一点，电子光会影响褪黑素的分泌，所以建议家长控制孩子玩手机和电脑的时间，尤其是在睡前这个记忆黄金期。如果孩子第二天有重要的考试，不妨建议他：在进行完考前复习之后，就尽快进入睡眠状态，这比开夜车学习高效多了。

（4）为什么孩子喜欢一边听歌看电视，一边写作业？

因为"一心多用"会让他们觉得自己很厉害，并从中得到情感满足。可是，青少年此时的前额叶发育不全，会导致他们专注力不强、自控力弱，多任务操作能力很弱。

（5）为什么孩子宁愿得罪父母，也要和朋友在一起？

研究发现：孩子的前额叶在青春期得到进一步发展，会使他们的社会认知增强、抽象思维加强，对自己的关注会慢慢开始延伸到他人身上。这个过程中，他们对于同伴的压力越来越敏感，对压力的焦虑程度加强，也更加重视别人对自己的看法。所以这个阶段的孩子，总是在追求同伴的认可，并渴望能够融入同龄人的圈子。

六、怎样走进青春期孩子的心？

面对青春期的孩子，父母需要接受他们的改变，尊重、理解、接纳孩子的行为，自身不断地学习和成长，让自己的成长跟上孩子成长的脚步。调查显示，青少年在成长阶段面临的几大烦恼是：学习压力过大、父母不

21. 孩子进入青春期怎么办

了解自己、与老师交流不畅、交友碰壁、没有朋友、自由太少、想自立而又不能。面对孩子这些烦恼，父母除了了解、理解并尊重以外，还可以有如下做法：

温柔的态度：和孩子说话时轻柔一些，态度上尽量温和，讲话慢一点，放松面部表情。

增加了解能力：用"同理心"倾听孩子，做到专注而不分心、不催促、不打岔，维持良好的眼神接触，不敷衍。

主动认错并寻求孩子的谅解：在和青春期孩子相处的过程中，父母难免出现情绪失控和错误的管教行为。一旦意识到犯错，切记不要为自己辩解，不要试图让孩子理解自己，正确的做法是为自己的行为向孩子认错，并寻求孩子的原谅。如果孩子一时无法原谅自己，也不要发火，而是继续认错。父母不要以为这样是丢脸的行为，承认错误不会让孩子看低我们，相反会给孩子做个知错就改的好榜样，孩子心底反而会更尊重父母，父母的形象也会更高大。

走进青春期孩子的心，父母还要预防以下错误：

A. 言行不一：别管我怎么做，照我说的去做就是了。B. 不肯认错：我是大人，我永远是对的，天下无不是的父母。C. 不能坦诚回答孩子的疑问：不要问原因，照我说的去做。D. 不能帮助孩子发展自我人格：你说你以后要做什么？E. 不把焦点放在重要的事情上：这个房间简直是猪窝。F. 不表达肯定和接纳：这么笨，难道你一点事都做不好吗？G. 不尊重孩子的朋友：你在哪里认识这家伙的？H. 不能容忍孩子犯错：你看看你做的好事？I. 不敢谈敏感问题：我们谈点别的，好吗？J. 不肯花时间陪孩子：我现在很忙，你待会好吗？

> **总 结**

对青少年影响最大的是他们的父母。只有在父母不再履行引导角色的时候,才会由朋友或同学、周围环境甚至犯罪分子取代。只要父母拥有无条件的爱心,并智慧地了解子女,有技巧地给予关爱,就能陪伴子女安全度过青春期。

智慧父母的秘诀

为人父母不容易,既要有权威的知识体系,又要有完备的心理体系;既要有健康的情绪管理体系,又要有身正示范的榜样力量。要做智慧的父母、成长的父母,就需要我们不断地更新观念,并掌握一些成长的技巧。下面的方式供大家借鉴:

家庭时光和家人时间优先。即当工作与生活发生冲突时,尽量选择生活;如果孩子十分乐于某种家庭活动,千万不要把取消活动作为一种惩罚;多和孩子交流彼此的梦想。

把孩子当作成人一样尊重。不要把爸妈这个身份看得太重,没有这种身份特殊感,孩子可能会更快乐地成长;在孩子认为是很严肃的事情上,千万别拿他开玩笑;如果孩子告诉你一个秘密,你必须为他守口如瓶。

了解孩子的个性。如果女儿像个假小子或者儿子喜欢玩儿洋娃娃的话,不必小题大做;了解孩子用以炫耀的事情和原因,由此可以发现哪些是他认为最有价值的;不用过度考虑孩子在每个年龄段应该是怎样的。

身体力行地示范,因为父母间对待彼此的态度与孩子为人处世的方式有很大关系。不要承诺自己办不到的事情;在你离开的时候记得和孩子说再见。

鼓励孩子探索和发现。不要嘲笑孩子想象中的世界;无论孩子的成功多么微不足道，都要表示祝贺；为孩子可能会遭遇失败的事情准备备用计划，并鼓励他再来一次。

指令明确并坚持执行。记住那些你成长过程中曾经发誓不对孩子做的事情；孩子确实需要一些规则，和孩子一起制定一些有鼓舞和支持意义的规则；如果孩子确实违反了规则，不找借口，让他承担自己行为的后果。

告诉孩子你是多么爱他。每天早上醒来和晚上临睡前要让孩子知道你爱他，并且把这当件重要的事来做；让孩子看到你和爱人的恩爱；有孩子参与活动时不要偷懒。

请记住：智慧的父母允许孩子用自己的方式做自己，不干涉、不代替、不限制。孩子做自己的过程一定会不符合父母的期待，甚至会惹很多麻烦，但这是必要的过程和经历。每一个孩子的到来都是为了帮助自己和帮助父母成为最好的自己。

父母应该懂得的一些教育规律

规律一：罗森塔尔效应

美国著名的心理学家罗森塔尔（Robert Rosenthal）曾做过这样一个实验：他把一群小白鼠随机地分成两组——A组和B组，并且告诉A组的饲养员说，这一组的老鼠非常聪明，同时又告诉B组的饲养员说这一组的老鼠智力一般。几个月后，教授对这两组老鼠进行穿越迷宫的测试，发现A组的老鼠竟然真的比B组的老鼠聪明，它们能够先走出迷宫并找到食物。于是罗森塔尔教授得到了启发，他想这种效应能不能也发生在人的身上呢？他来到了一所学校，在一个班里随便地走了一趟，然后就在学生名单上圈了几个名字，告诉他们的老师说，这几个学生智商很高、很聪明。过了一段时间，教授又来到这所学校，奇迹又发生了，那几个被他选出的学生现在真的成了班上的佼佼者。为什么会出现这种现象呢？正是"暗示"这一神奇的魔力在发挥作用。

每个人在生活中都会接受这样或那样的心理暗示，这些暗示有的是积极的，有的是消极的。父母是孩子最爱、最信任和最依赖的人，同时也是对孩子施加心理暗示的人。如果是长期的消极和不良的心理暗示，就会使孩子的情绪受到影响，严重的甚至会影响其心理健康。相反，如果父母对孩子寄予厚望、积极肯定，通过期待的眼神、赞许的笑容、激励的语言来滋润孩子的心田，使孩子更加自尊、自爱、自信、自强，那么，你的期望有多高，孩子未来的成就就会有多大！

规律二：超限效应

美国著名作家马克·吐温（Mark Twain）有一次在教堂听牧师演讲。最初，他觉得牧师讲得很好，使人感动，准备捐款。过了10分钟，牧师还没有讲完，他有些不耐烦了，决定只捐一些零钱。又过了10分钟，牧师还没有讲完，于是他决定1分钱也不捐。等到牧师终于结束了冗长的演讲开始募捐时，马克·吐温由于气愤，不仅未捐钱，还从盘子里偷了2元钱。这种刺激过多、过强和作用时间过久而引起心理极不耐烦或反抗的心理现象，被称之为"超限效应"。超限效应在家庭教育中时常发生。如当孩子犯错时，父母会一次、两次、三次，甚至四次、五次重复，对一件事做同样的批评，使孩子从内疚不安到不耐烦乃至反感讨厌。被"逼急"了，孩子就会出现"我偏要这样"的反抗心理和行为。可见，父母对孩子的批评不能超过限度，应对孩子"犯一次错，只批评一次"。如果非要再次批评，那也不应简单地重复，要换个角度、换种说法。这样，孩子才不会觉得同样的错误被"揪住不放"，厌烦心理、逆反心理也会随之减低。

规律三：德西效应

心理学家德西（Edward Westerners）曾讲述了这样一个寓言：有一群孩子在一位老人家门前嬉闹，叫声连天。几天过去了，老人难以忍受。于是，他出来给了每个孩子10美分，对他们说："你们让这儿变得很热闹，我觉得自己年轻了不少，这点钱表示谢意。"孩子们很高兴，第二天仍然来了，一如既往地嬉闹。老人再出来，给了每个孩子5美分。5美分也还可以吧，孩子们仍然兴高采烈地走了。第三天,老人只给了每个孩子2美分,孩子们勃然大怒,"一天才2美分,知不知道我们多辛苦!"他们向老人发誓,他们再也不会为他玩了!

在这个寓言中,老人的方法很简单,他将孩子们的内部动机"为自己快乐而玩"变成了外部动机"为得到美分而玩",而他操纵着美分这个外部因素,所以也操纵了孩子们的行为。德西效应在生活中时有显现。比如,父母经常会对孩子说:"如果你这次考得100分,就奖励你100块钱","要是你能考进前5名,就奖励你一个新玩具",等等。家长们也许没有想到,正是这种不当的奖励机制,将孩子的学习兴趣一点点地消减了。

规律四:南风效应

"南风效应"也称"温暖效应",源于法国作家拉·封丹(Jean de la Fontaine)写过的一则寓言:北风和南风比威力,看谁能把行人身上的大衣脱掉。北风首先来一个冷风凛凛、寒冷刺骨,结果行人为了抵御北风的侵袭,便把大衣紧紧地裹住。南风则徐徐吹动,顿时风和日丽,行人觉得春暖上身,始而解开纽扣,继而脱掉大衣,南风获得了胜利。故事中南风之所以能达到目的,就是因为它顺应了人的内在需要。这种因启发自我反省、满足自我需要而产生的心理反应,就是"南风效应"。由此我们可以知道,教育中采用"棍棒""恐吓"之类"北风"式教育方法是不可取的。

规律五:霍桑效应

美国芝加哥郊外的霍桑工厂是一个制造电话交换机的工厂,有较完善的娱乐设施、医疗制度和养老金制度等,但工人们仍然愤愤不平,生产状况很不理想。后来,心理学专家专门对其进行了一项试验,即用两年时间,专家找工人个别谈话两万余人次,规定在谈话过程中,要耐心倾听工人对厂方的各种意见和不满。这一谈话试验收到了意想不到的结果：霍桑工厂的产值大幅度提高。这就是"霍桑效应"。这一效应启示我们：孩子在学习、成长的过程中难免有困惑或者不满，但又不能充分地表达出来。作为父母，要尽量挤出时间与孩子谈心，并且在谈的过程中，要耐心地倾听，引导孩子尽情地说，说出自己生活、学习中的困惑，说出自己对家长、学校、老师、同学等的不满。孩子在"说"过之后，会有一种发泄式的满足，他们会感到轻松、舒畅。如此，他们在学习中就会更加努力，生活中就会更加自信。

规律六：增减效应

人际交往中的"增减效应"是指：任何人都希望对方对自己的喜欢能"不断增加"而不是"不断减少"。比如，许多销售员就是抓住了人们的这种心理，在称货给顾客时总是先抓一小堆放在秤盘里，再一点点地添入，而不是先抓一大堆放在秤盘里再一点点地拿出。在评价孩子的时候，我们不妨运用"增减效应"，比如先说孩子一些无伤尊严的小毛病，然后再恰如其分地给予赞扬……

规律七：蝴蝶效应

据研究，南半球一只蝴蝶偶尔扇动翅膀所带起来的微弱气流，由于其他各种因素的综合影响，几星期后，竟会变成席卷美国得克萨斯州的一场龙卷风！紊乱学家把这种现象称为"蝴蝶效应"，并做出了理论表述：一个极微小的起因，经过一定的时间及其他因素的参与作用，可以发展成极为巨大和复杂的影响力。"蝴蝶效应"告诉我们，教育孩子无小事。一句话的表述、一件事的处理，正确和恰当的，可能影响孩子一生；错误和武断的，则可能贻误孩子一生。

规律八：贴标签效应

在第二次世界大战期间，美国由于兵力不足，而战争又的确需要一批军人，于是，美国政府就决定组织关在监狱里的犯人上前线战斗。为此，美国政府特派了几位心理学专家对犯人进行战前的训练和动员，并随他们一起到前线作战。训练期间，心理学专家们对他们并不过多地进行说教，而特别强调犯人们每周给自己最亲的人写一封信。信的内容由心理学专家统一拟定，叙述的是犯人在狱中的表现是如何好、如何改过自新等。专家们要求犯人们认真抄写后寄给自己最亲爱的人。三个月后，犯人们开赴前线，专家们要犯人给亲人的信中写自己是如何服从指挥、如何勇敢等。结果，这批犯人在战场上的表现比起正规军来毫不逊色，他们在战斗中正如他们信中所说的那样服从指挥、那样勇敢拼搏。后来，心理学家就把这一现象称为"贴标签效应"，心理学上也叫暗示效应。

这一心理规律在家庭教育中有着极其重要的作用。例如，如果我们老是对着孩子吼"笨蛋""猪头""怎么这么笨""连这么简单的题目都不会做"等，时间长了，孩子可能就会真的成了我们所说的"笨蛋"。所以多用激励性语言，对孩子多贴正向的标签，才能使孩子更好地成长。

规律九：登门槛效应

日常生活中常有这样一种现象：在你请求别人帮助时，如果一开始就提出较高的要求，很容易遭到拒绝；而如果你先提出较小要求，别人同意后再增加要求的分量，则更容易达到目标。这种现象被心理学家称为"登门槛效应"。在家庭教育中，我们也可以运用"登门槛效应"。例如，先对孩子提出较低的要求，待他们按照要求做了，予以肯定、表扬乃至奖励，然后逐渐提高要求，从而使孩子乐于无休止地积极奋发向上。

结 语

各位亲爱的家长，家对我们来说是什么？家不是房子，家不是金钱，家是关系，是一群有爱的关系的人，家是无论我们在外面被多少人否定、被多少人拒绝，无论我们多么失败，无论我们承受多少压力，但总有一个地方是给我们安全的，是我们可以全然放松的地方，我们要给孩子创设这样的家的氛围。在一个家庭中，父母是根，孩子是花，花什么时候开、开成什么样，取决于根部传送了什么样的营养。父母需要用百分之三的时间管教，百分之九十七的时间和孩子建立关系。孩子好比雕刻家手中的小刀，他来雕刻我们，虽然会疼，但目的是让我们成长，让我们更好地做自己！

《清晨的甘露》一书的作者毕德生牧师说：为人父母最重要的工作不是做父母，而是做人。意思是父母的榜样是最重要的。也许孩子的问题不都是父母的问题，但是孩子所有的问题都是父母成长的机会。父母不要试图去掌控孩子，而是要从孩子的问题中发现自己成长的方向。每一个愿意改变自己，而不是先去改变别人的人，都是英雄，大英雄。向你们这些大英雄致敬！

后 记

这一套家庭教育丛书的诞生，凝结了我们做家庭教育者的辛苦，见证了我们走过的路程，也是我们这个团队几年来的坚持才有的成果。在实践与研究中，在探索与记录中，我们得到了很多专家学者的帮助与支持。在此，我们要特别感谢北京师范大学赵忠心教授的专业指导，他严谨的治学态度，对家庭教育全情投入的初心深深感动和影响着我，年近八旬带病为《我家孩子养成记——北京百位中小学家长教育启示录》（上）的每篇文章写点评，刚一出院又倾听我们的工作汇报，还给予很多的建议和指导。在此，还特别感谢北京市西城区教科院林春腾副院长的追踪指导和亲历关注，在每一个节点，她都会引领我走向更高。还特别感谢学苑出版社的任彦霞，她的严谨，她对事业精益求精的态度让我受益匪浅。在此，我还要特别感谢与我共同工作的课题组成员，他们富有成效的工作，不断进取的精神，都是我们继续前行的动力和不断创新的源泉，感谢大家！

荣飞雪